Weihnachtsgeschichten aus Bayern

Herausgegeben
von
Gundel Paulsen

Husum

Umschlagbild von Paul Hey (mit freundlicher Genehmigung der Klinkhardt & Biermann Verlagsbuchhandlung GmbH, München, entnommen aus „Sang und Klang für's Kinderherz")

Bibliografische Information der Deutschen Nationalbibliothek

Die Deutsche Nationalbibliothek verzeichnet diese Publikation in der Deutschen Nationalbibliografie; detaillierte bibliografische Daten sind im Internet über http://dnb.dnb.de abrufbar.

9. Auflage 2023

Gesamtherstellung: Husum Druck- und Verlagsgesellschaft
Postfach 1480, D-25804 Husum - www.verlagsgruppe.de
ISBN 978-3-88042-429-6

Tannengeflüster

James Krüss

Wenn die ersten Fröste knistern
in dem Wald bei Bayrisch-Moos,
geht ein Wispern und ein Flüstern
in den Tannenbäumen los,
ein Gekicher und Gesumm
ringsherum.

Eine Tanne lernt Gedichte,
eine Lärche hört ihr zu.
Eine dicke, alte Fichte
sagt verdrießlich: Gebt doch Ruh!
Kerzenlicht und Weihnachtszeit
sind noch weit!

Vierundzwanzig lange Tage
wird gekräuselt und gestutzt
und das Wäldchen ohne Frage
wunderhübsch herausgeputzt.
Wer noch fragt: Wieso? Warum?
Der ist dumm.

Was das Flüstern hier bedeutet,
weiß man selbst im Spatzennest:
Jeder Tannenbaum bereitet
sich nun vor aufs Weihnachtsfest.
Denn ein Tannenbaum zu sein:
Das ist fein!

Advent in der Waldheimat

Max Peinkofer

Der Kreislauf des Kirchenjahres nimmt wieder seinen Anfang mit den vier stillen und stimmungsreichen Wochen des Advents. Bald ist er zwei Jahrtausende alt, dieser Kreislauf, und immer wieder beglückt er die frommen Herzen mit der Fülle seiner Ahnungen und Geheimnisse, mit dem Reichtum seiner Feste, die in den Ablauf der vier Jahreszeiten so weise eingeordnet sind.

Advent! Etwas Großes, Heimliches, Bezauberndes, etwas unnennbar Feierliches liegt über den grauen und stillen Tagen dieser verdämmerten Zeit. Oft ist es uns, mitten unterm Tag oder wenn wir in der langen Nacht plötzlich erwachen, als klängen von fern her leise Glocken in unsere erwartungsvollen Seelen. Wir Alten und Älteren, die wir so oft und so tief dem Leben ins erdenschwere, leidgetrübte Auge gesehen haben, werden wieder zu Kindern, die mit verklärtem Blick das fahrtbereite Christkind schauen und sein Fest, das schönste aller Feste, erwarten.

Die mannigfachen Sorgen und Nöte des Alltags beginnen zu schweigen, wenn die Geheimnisse des Advents leise, ganz leise zu uns reden. Schon glänzt der Weihnachtsstern in unsere Herzen, Heimstätten und Kirchen. Über unserem Tisch grünt der Adventskranz; seine roten Wachslichter, entbrannt in abendlicher Weihestunde, melden uns, wie viele Wochen wir noch haben, ehe wir das Lied von der stillen heiligen Nacht anstimmen dürfen.

Früh stirbt der Tag, damit der ahnungsreiche Abend und die erwartungsfrohe Nacht recht lange währen. Bis in den Vormittag hinein dauert der nächtliche Morgen. Aber der Klang der Rorateglocken weckt frühzeitig die tief verschneite Nacht.

Die hohen Fenster der Heimatkirche leuchten auf, und jeder weihnachtsfrohe Christenmensch rüstet sich zum nachtumdunkelten Gang in die Kirche. Denn dem altbayerischen Landvolk sind seine Rorate oder Engelämter die herzliebsten Gottesdienste; selbst die Mannsleute, die zuweilen gerne die Kirche meiden, wollen keines der Engelämter versäumen. Jedes christkindfrohe Herz will sich an den Freuden dieses frühmorgendlichen Gottesdienstes erbauen.

Jeder Bauer und Landbürger, der noch etwas auf Ansehen und gutkatholische Urvätersitte hält, schafft sich schon im frühen Herbst vorsorglich „sein Rorate“ an. Zuweilen steuern ganze Dorfschaften zusammen zu einem eigenen Engelamt. Auch die frommen Vereine wollen ihr Rorate haben. Und so kommt es, dass so ein Pfarrherr oft nicht mehr weiß, wann er all die vielen Engelämter halten soll. Und er muss gleichsam anstücken an die Adventswochen, um in der Zeit nach dem Fest die bestellten Rorate anzusetzen. --

Engelamt! Rorate! Die fernen Tage der waldlerischen Kindheit steigen auf in den Erinnerungen meiner Seele. Licht und froh wird es in mir, wenn ich mich so ganz versenke in jene schönsten Wochen entschwundener Jugend.

In der freundlichen Nachbarschaft einer schönen und großen Marktkirche, zu Tittling, bin ich aufgewachsen. Eine gute, schlichte, fromme Mutter, die viel Leid starkmutig ertrug, hat meine Kindheit betreut und das Herz des künftigen Mannes gesegnet mit dem Licht des Glaubens und dem Licht der Heimat, von der sie mehr zu erzählen wusste als hundert gescheite Bücher zusammen. Damals gab es noch echte, tiefe Waldwinter, die rechtzeitig kamen und gingen und mit dem Schnee nicht sparten. Verschneit lag der heimatliche Marktflecken. Und zu Ende ging die Nacht, obschon noch ein unendlicher Sternenhimmel über dem Dreiburgenland glänzte. Wenn dann die große Glocke einsam und feierlich durch den nächtlichen Morgen sang und zum Rorate rief, schliefen wir Schmiedbuben noch fest. Bis auf einmal die gute Mutter, tröst sie der liebe Gott, mit dem Kerzenlicht vor unserer Bettstatt stand und uns aus den Träumen weckte, in denen uns der Nikolaus beschenkte, der wilde Klaubauf schreckte oder gar schon das Christkind erschien.

„Aufstehen, Buben, tummelt euch! Ins Rorate!“, mahnte der milde mütterliche Ruf. „Das Viertel läuten sie schon!“ Und wir rissen uns aus den Betten und vernahmen es, wie die Rorateglocke schwer und andächtig die Beter zur Kirche lud.

Rasch zogen wir uns an und eilten hinunter in die warme Stube, in der die unermüdliche Mutter schon alles so freundlich und behaglich geordnet hatte. Traulicher denn sonst dünkte uns der Schein der alten Öllampe; vom krachenden Herd her duftete der Kaffee. Aber das Frühstück mussten wir uns erst durch den Besuch des Rorateamtes verdienen.

Noch eine Bitte an die Mutter: „Mutter, darf ich heute ein Wachsstöckl nehmen?“ „Nun ja, nimmst halt das kleine, in Gottes Namen! Aber tu fein beten auch und nicht wieder das ganze Rorate hindurch lichteln und tandeln mit dem Wachs! Und für den Vater selig auch ein paar Vaterunser beten, gelt!“

Schnell ging's hinunter zur nahen Kirche. In Scharen kamen die Markt- und Dorfleute herbei zum Engelamt, alle dicht in Tücher und Hauben vermummt und viele vorsorglich ausgerüstet mit der hilfreichen Laterne, wenn etwa Mond und Sterne erloschen waren und es so heftig wachelte, dass man kaum drei Schritte weit sehen konnte. Schnee lag auf den Mützen und Tüchern, Reif hing an den Bärten und Kleidern. Immer neue dunkle Gestalten huschten hervor aus der Tiefe der Nacht und stauten sich mit ihren Vorgängern an den Kirchentüren.

Von allen Seiten kamen sie, die guten Rorateleute. Rüstigen Schrittes stiegen sie die beschwerlichen Wege herauf von der alten Bauernwelt der Ilzleiten; sie kamen von den Einschichten und Dörfern zwischen Berg und Wald, junge und alte, große und kleine, in schweigsamen und feierlichen Scharen, in deren Augen ein Strahl des Weihnachtslichtes funkelte. Und ehrfürchtigen Fußes betraten sie das Gotteshaus, indes die mächtigen Akkorde des Zusammenläutens durch den Gottesmorgen sangen.

Schon sind die Kerzen am Hochaltar, dem goldenen, angezündet. Blaue Tücher verhüllen seine edlen Bildwerke; denn die Zeit der Buße und Einkehr ist angebrochen. Die Sitzplätze des Kirchenschiffes sind dicht besetzt. Das junge Mannsvolk drängt sich nach allgemeinem Brauch in das Dunkel der Empore und auf die Treppen, die zur Orgel führen. Bald leuchtet ein Wachsstock nach dem andern auf, bis schließlich viele Hunderte von milden weißen Flammen das Gotteshaus in eine Lichterfülle tauchen, in einen weihevollen Schimmer, wie er durch noch so große und helle elektrische Lampen nie erreicht werden wird.

Die helle Sakristeiglocke erklingt; die Orgel setzt mit einem fröhlichen Vorspiel ein; Rauchwolken steigen empor; die Hände des Priesters erheben segnend die goldene Monstranz; andächtig klopft alles Volk an die Brust. Das Engelamt nimmt seinen Anfang, und der Priester fleht: „Rorate coeli desuper!“ „Tauet, Himmel, den Gerechten!“

Droben auf dem Chor musizieren und singen sie jetzt eine weihnachtlich heitere Messe. In wiegenden Weisen fleht das Kyrie, in munteren Sechzehntem jubelt die Flöte, andächtig singt die Geige. So anmutig vereinen sich die vielerlei Stimmen der Sänger und Sängerinnen zum Lob des Christkindes, das uns bald den Himmel aufsperren wird.

Und nach dem Credo wird alles mäuschenstill im weiten Gotteshaus. Man hält den Atem an, traut sich nicht mehr zu husten und zu räuspern, zieht sich ganz zurück in seine Seele, die nun erhoben ist über alle Erdenschwere in ein Reich ewiger Glückseligkeit. Alle Augen schließen sich; die Gebetbücher werden weggelegt, die Rosenkränze um die Hand geschlungen. Denn nun beginnen sie auf dem Chor droben das wunderschöne Frauenlied.

Freilich, man kann sie längst auswendig, die Worte und Weisen dieser volkslieben Gesänge zum Lobpreis der Himmelsjungfrau, die uns im armseligen Stall von Bethlehem den Erlöser bringen wird. Ja, man kennt sie längst, aber immer wieder packen sie uns aufs Neue mit ihrer lieblichen

Gewalt. Und wenn die amtliche Kirche sie beim Rorate auch nicht gerne hört, diese Gesänge in der Sprache und Herzlichkeit des Volkes, unser Herrgott und die Liebe Frau freuen sich sicher über diese fröhlich gesungenen Lobpreisungen. Immer noch klingt ihr in meinem Herzen, ihr alten Frauenlieder! Und als ich Orgelherr gewesen bin in der hochwaldumrauschten einsamen Marienkirche droben im weltfernen Ruselgebirge, in dem kleinen Wallfahrtsort Greising, da haben wir sie wiedererweckt, diese Lieder, meine zwei fleißigen Sängerinnen, Nahterinnen und Schwestern, und ich, zur Freude des mühseligen Gebirgsvolkes, dem wir anno 1920 in seiner noblen Barockkirche auch die erste Christmette bereitet haben. Und dann sangen wir diese Lieder wieder zu Bischofsmais, nicht weit von Greising, wo ich im letzten Krieg zur Aushilfe ein paar Jahre die altväterliche Orgel geschlagen habe. So erklangen sie hier wie dort aufs Neue, die alten und ewig jungen Lieder:

Ein Bild ist mir ins Herz gegraben,
ein Bild, so schön, so wundermild,
ein Bildnis aller guten Gaben,
es ist der Gottesmutter Bild.

Kennt ihr das Bild dort am Altar,
so mild, so freundlich, wunderbar?
Maria ist's, die Himmelsbraut,
die huldvoll auf uns niederschaut.

In einem vergessenen oder verstaubten Winkel des Notenschrankes der Orgelempore oder droben auf dem Dachboden des Schulhauses schlafen die alten Partituren und Stimmen, die vor vielen Jahrzehnten ein kunstbegeisterter Schulmeister nach dem ermüdenden Tagewerk für Schule, Kirche und Gemeinde um Gotteslohn säuberlich abgeschrieben hat. Und längst ruht im Grab jener wackere Schulmann meiner Heimat, der verdiente alte Lehrer Johann Nepomuk Klee, der mit seinem Orgelspiel und seinen Gesängen, unterstützt von braven Musikanten der alten musikbeflissenen Familie der Neumeier, durch vierzig Jahre die Gemeinde erbaut und erfreut hat in ungezählten Stunden der kirchlichen Feier und Andacht, der jene schönen Frauenlieder immer wieder lebendig werden ließ an den Marienfesten, zur Maiandacht, und sie mit besonderer Liebe sang bei den weihnachtsverheißenden Engelämtern. – –

So schmückte und segnete das Rorate jeden Adventsmorgen unserer Kindheit. Dann kamen noch mancherlei ereignisreiche Tage, lang ersehnt von den Kindern. Sie erhöhten die Stimmung dieser gottversenkten Zeit und waren lautere Sterne am nicht mehr wiederkehrenden Kinderhimmel.

Da meldete sich am Abend des Andreastages der hl. Nikolaus erstmals an. Er hatte eingekauft im Waldmarkt jenseits der Ilz in Perlesreut, beim Andreaskirta, war nun, schwer beladen, auf dem Heimweg begriffen, kam auch durch unsere Heimat Tittling gegangen in später nächtlicher Stunde, mit freudigem Bangen erwartet. Er schlug scheppernd die Kette an die Stubentür, öffnete sie ein wenig und warf ein paar Äpfel und Kletzen in die Stube, verließ sogleich wieder das Haus und schritt weiter durch die tief verschneiten Gassen. Jetzt wussten wir es, dass er auch heuer wieder seinen ordentlichen Besuch abstatten würde. Bis er dann in höchsteigener Person erschien, mit goldener Mütze und Stab und weißem Bart, begleitet von dem fürchterlichen Klaubauf, der die riesige Kette schwang und den gefährlichen Sack oder die kinderverlangende Kirm auf seinem Rücken trug. Das war dann ein Freuen und Zittern zugleich, ein Beten und Bitten und Danken, eine Viertelstunde von nicht auszumessender Kinderseligkeit, die freilich getrübt wurde von der Furcht, dass einen der Klaubauf mitnehme, um dann den kleinen Hauptsünder in den großen Rottaumühlweiher zu werfen! Aber es ging immer gut ab, und reichlich waren jedes Mal die Gaben, vor denen man dann so überglücklich saß, während man hoch und heilig versicherte, dass man sich auch nicht ein kleins bissl gefürchtet habe!

Und ehe man zu Bett ging, stellte man seinen Teller auf; denn während der Nacht würde St. Nikolaus, der sogar durch das Schlüsselloch schliefen könne, nochmals kommen und „einlegen“. Man schrieb seinen Namen sorgfältig auf einen Zettel und kennzeichnete damit seine Gabenschüssel, damit Verwechslungen vermieden werden konnten. Denn wir waren eine kinderreiche Familie. Morgens stand man dann früher auf als sonst und stand beglückt vor dem gegupft gefüllten himmlischen Teller mit seinen brotenen Nikolausmännern und Hirschen, den Äpfeln, Nüssen und Kletzen, den Lebzelten, goldenen Griffeln und anderen Dingen, die man kaum zu berühren wagte, weil sie nicht von dieser Erde waren.

Die stillen, verträumten Wintertage verflossen geruhig und rasch. Weihevolle Stille herrschte in den Häusern und im Markt. Verpönt waren Tanz und alle lauten Unterhaltungen des Wirtshauses. Die Wochen des Advents gehörten dem kommenden Erlöser; denn es war heiliges Herkommen, ihn zu erwarten in Ruhe und leiser Vorfreude. Wie wohl würden auch heute der Menschheit solche Wochen der Einkehr in sich selber und in die Geheimnisse der Erlösung tun! In jener Zeit war auch die Unsitte, schon viele Wochen vor den Festen die Geschenke und festandeutenden Dinge in den Kaufgeschäften zur Schau zu stellen, gottlob noch nicht bekannt. Diese bedauerliche Gepflogenheit zieht Erhabenes in den Alltag, stumpft ab, entweiht; und wenn dann der heilige Tag gekommen ist, ist der Mensch von heute jener Gaben und Güter fast satt und müde geworden, die einst unsere Feste zierten und auszeichneten.

Wenige Tage vor dem Fest erst stellten die Kaufleute meiner Heimat ihre Christkindgeschenke aus. Schlicht und unaufdringlich. In einem Schaufenster des uralten Geschäftes Martin Machhaus lagen warme Wintersachen, Josef Machhaus zeigte die einfachen Spielsachen, im Fenster der Konditorei Rosenhammer grünte ein kleiner Christbaum. Und vor diesen drei Fenstern standen wir Kinder so gerne und so lange, viele heiße Wünsche in den Herzen, die wir dem lieben Christkind auf Umwegen zu wissen machen ließen.

Eine Weihnachtskrippe, früher und Gott sei Dank auch heute wieder nicht wegzudenken von den weihnachtlichen Freuden, gab es damals weder in der Kirche noch in den Heimstätten des Marktes. Fromme Mütter pilgerten mit ihren Kindern hinauf nach Fürstenstein, wo die Nonnen des Klosters alljährlich in ihrer Marienkirche mit Liebe und Mühe eine reiche Krippe aufrichteten. Und am Ende der Herrengasse wohnte eine alte, einsame Frau, die Aufschlägerin, die ein paar köstliche alte Krippenfiguren besaß. Mit ihnen stellte sie ein paar Tage vor dem Fest zwischen Fenster und Winterfenster im waldgrünen Moos ein hübsches Kripplein auf. Es war recht einfach, und doch erschien es uns Anspruchslosen als ein heiliges Stück erdgewordenen Himmels, das uns jetzt viel stärker ergötzte als das muntere Eichkätzchen, das im anderen Fenster der Aufschlägerin seine beengten Sprünge machte.

Einige Bürgerfamilien pflegten damals noch den sinnvollen Brauch des Herbergsuchens. Neun Tage vor dem Weihnachtsfest ging eine Statue der herbergsuchenden Gottesmutter von Haus zu Haus und bat um Quartier für einen Tag. Überall wurde sie mit Freude und mit Gebeten empfangen und auf einem geschmückten Tischlein aufgestellt. Hier brannte ununterbrochen ein geweihtes Licht, man verrichtete eine häusliche Andacht vor dem himmlischen Gast und trug ihn nächsten Abend ins Nachbarhaus, wo man ihn mit gleicher Liebe und Bereitwilligkeit aufnahm.

Dass im Advent zwei schreckliche Unholde die Behausungen aufsuchen, die böse Luzia mit dem drohenden langen Messer und der blutige Thomas, der ein besudeltes Bein zur Tür hereinsteckt, wussten wir glücklicherweise bloß vom Hörensagen. In den Markt herein, dessen Brauchtum halb bürgerlich, halb bäuerlich war, wagten sich die zwei grausamen Feinde der Kinder nicht.

Inzwischen kam der Heilige Abend immer näher. Wir Kinder bemühten uns, immer braver und fleißiger zu werden. Das Geheimnisvolle der stillen Wintertage steigerte sich, wenn hinter dem Rücken der Kinder dem Christkind fleißig an die Hand gearbeitet wurde und ein merkwürdiger feiner Duft das Haus erfüllte, wann wir von der Schule nach Hause kamen. Wir ahnten es, dass das Christkind in unserer Stube gebacken haben müsse. Denn nur himmlische Bäckereien können so wundervoll duften!

Immer stiller wurde die Zeit, immer stiller wurden wir selber. Unsere Herzen drohten vor Freude und Erwartung zu zerspringen; in unseren Kinderaugen lag wohl ein Strahl überirdischen Glanzes; die „schöne Stube" im Obergeschoss des Elternhauses war mit einem Male versperrt; niemand vermochte den Schlüssel aufzufinden. Es hatte ihn ja das Christkind selber geholt, um ungestört dadrinnen, zwischen den gefeierten Betten, die Bescherung vorzubereiten.

Und es wurde Heiliger Abend. Dieser heiß ersehnte Tag forderte schon in der Frühe ein kleines Opfer. Man musste dem Christkindlein zuliebe bis zum Fastenessen des Mittags nüchtern bleiben. Wer sich diese Buße auferlegt, der würde sicher das Goldene Rösslein sehen, so versicherte uns Jahr für Jahr die Mutter. Und wir verzichteten gerne auf die Morgensuppe und lehnten Stunde um Stunde am Fenster und blickten sehnsüchtig hinaus auf die Dächer der Nachbarhäuser und hinauf auf den hohen Kirchturm. Und wann werden wir es erblicken, das himmlische Rösslein, wie es leicht und rasch und funkelnd springe von einem First zum andern? Raubt uns das heftige Wachelwetter den Anblick des göttlichen Boten, oder sind wir nicht rein genug, um es leiblichen Auges schauen zu dürfen? Jahr für Jahr haben wir an diesem Tag, dem „fastenden Weihnachtstag", stundenlang seiner geharrt, und nie wurden wir seines Anblicks gewürdigt! Um wie viel ärmer waren wir Kleineren als unsere größeren Geschwister, die in diesen ewigen Wartestunden immer wieder beteuerten: „Grad ist es über das Dach hinübergesprungen! Müsst halt besser aufpassen, dann seht ihr das Goldene Heißerl auch!"

Es verging der Tag und nahte endlich der Abend. Die Schmiede hatte früher als sonst Feierabend gemacht.

Werkstatt und Haus waren säuberlich geordnet. Vor ein paar Tagen hatte das einzige Schweinlein sein Leben für Mettenwurst und Weihnachtsbraten allzu früh opfern müssen. Schon im Sommer waren beim „Holzmachen" die festesten und knorrigsten Buchenklötze ausgewählt worden, damit sie in der Mettennacht als ehrfürchtig behandelte „Mettenbinken" das Feuer wachhielten. Die Mutter richtete dünne Brotschnitten, geweihtes Salz und geweihte Sämereien her für die segenkräftige und Unheil bannende Losnachtspeisung der beiden Kühe. Für uns lagen Kletzenbrot und eine Flasche Kümmelschnaps aus der Apotheke bereit. Da noch strengster Fasttag war, durften wir als Abendkost nichts anderes erwarten als die herkömmliche „saure Suppe". Die älteren Brüder hantierten, zum Schrecken der Schwestern, mit Terzerol und Gewehr, damit sie würdig das Christkindl anschießen konnten. In der verschlossenen oberen Stube ging es geheimnisvoll zu. Geheimnisse heute überall!

Leise entschwand der geheimnisschwere Tag. Früh wurde es Abend. Sechs Postschlitten verließen unter den Klängen des Posthorns den Marktplatz und durchschnitten sicher die Schneewehen der weiten und nahen Weihnachtswege. Und wir lauschten dem kunstreichen Postillon von Thurmannsbang, der so wunderbar weich und beseelt auf seinem Horn das Lied „Stille Nacht, heilige Nacht" blies, indes er die Ziegelgasse hinunterfuhr. Der Mond stieg auf am Weihnachtshimmel der Heimat, und von der Ferne noch hörten wir die selige Weise, die uns versicherte, dass nun wirklich der Heilige Abend, die Mettennacht, angebrochen war.

Advent und Weihnachtszeit in Etterschlag

Joachim Königbauer

In der Adventzeit gingen die Etterschlager in sich. Da galt als unumstößlich: „Kathrein stellt den Tanz ein“ sowie: „Du sollst zu verbotener Zeit keine Hochzeit halten.“ Jünglinge und Jungfrauen erlebten einen religiösen Aufschwung und begeisterten sich für Engelämter. Eifrig wurde gesammelt, um das nötige Geld zusammenzubringen; denn sie mussten bezahlt werden. Reichten die in einer Büchse gesammelten Groschen, so wurde dem Herrn Kaplan Wunsch und Bitte vorgetragen und von diesem Tag und Stunde der Feier bestimmt. Die Zusage war aber oft leichter als die Ausführung, denn um diese Zeit bedachte der heilige Petrus, der nach der Meinung der Bauern das Wetter macht, die schwäbisch-bayerische Hochebene sehr häufig schon mit recht ansehnlichen Schneemassen, durch die man von Weßling nach Etterschlag nicht immer gerne und leicht watete. Ich erinnere mich mit Freuden an einen Kaplan, der der Liebling der Bauern war. Groß, stark und stämmig, von gutem Humor und um eine witzige, oft auch derbe Antwort nie verlegen, imponierte er allen. Man behauptete, er sei vor Beginn seines Studiums schon Schrannenknecht in Augsburg gewesen. Dieser verehrte Mann überwand alle Schwierigkeiten des Weges und Wetters in Wasserstiefeln, deren Schäfte über die Knie reichten, und durch unausgesetztes Pfeifen. Wenn die alte Mesnerin und ich (als Ministrant) früh halb sieben Uhr seiner Ankunft harrten, sagte die Mesnerin oft: „Er kommt schon, ich hör ihn schon pfeifen.“ Dann läutete sie „zusammen“ und die Etterschlager strömten in die Kirche, um sich am Lichterglanz, Orgelklang und Weihrauchduft zu berauschen und den Wunsch laut zum Ausdruck zu bringen: „Tauet Himmel den Gerechten, Wolken regnet ihn herab!“ Bei dieser Gelegenheit sang sogar manchmal auch ein Erwachsener.

Am 6. Dezember feierte die Gemeinde die „kleine Kirchweih“ (Patrozinium). Ich sah diesem Feste mit sehr gemischten Gefühlen entgegen, weil der „hl. Nikolaus“, wie er zu den Kindern kam, immer in einer Hand die Gaben, in der andern die Rute hatte. Man war nie sicher, was er spenden wird; darum lehnten wir Kinder ihn am liebsten ganz ab. Einmal kam er unter Gepolter unerwartet zur Stubentüre herein, packte meinen Bruder Martin und fragte ihn über Dinge des Katechismus und Rechenbuches aus, und da dieser in seinem Schrecken überhaupt keine Antwort zu geben wusste, bekam er Schläge. Ich schrie fürchterlich; die Mutter setzte mich rasch in eine Ecke der Ofenbank und sich selbst vorne hin, sodass ich durch sie gedeckt war. Als St. Nikolaus mich suchen wollte, wehrte ihn die Mutter ab, worauf er das Zimmer verließ. Wir Buben saßen den ganzen Abend leichenblass und verschüchtert am Tische und machten uns über diesen Besuch unsere eigenen Gedanken. Seine Gaben wiesen wir zurück. Vom Knecht Ruprecht wusste man in meiner Jugendzeit in Etterschlag nichts.

Eine Erinnerung an den alten Brauch, dass Kinder sich abends durch Singen in den Straßen Obst und Brot erbettelten, bestand in Etterschlag noch („Klöpfeln“). Bald nach St. Nikolaus gingen bei Eintritt der Dunkelheit Kinder im Dorfe umher, klopften an die Fensterläden und baten um „Hutzeln und Apfelschnitz“.

Sehr verschieden von der Gegenwart gestaltete sich in meiner Jugend das Weihnachtsfest für die Kinder Etterschlags. Nicht jedes Jahr wurde daheim geschlachtet. Häufig versah uns der Wirt mit Wurst und Fleisch. Vom Christbaum mit seinem Schmuck und Lichterglanz und den herrlichen Gaben, die die Augen der Kinder groß und glänzend machen, wusste man in Etterschlag nichts. Wir Kinder gingen abends um sieben Uhr in das Bett, standen um zehn oder halb elf Uhr wieder auf und waren mit den Erwachsenen um zwölf Uhr nachts beim Festgottesdienst in Walchstadt, von dem wir um halb zwei Uhr zurückkehrten. Nun versammelte sich die ganze Familie um den Tisch, den bald warme Blut- und Leberwürste sowie Schmalznudeln zierten. Wir ließen uns die leckeren Gaben trefflich schmecken, legten uns sodann in das Bett und erhoben uns um halb sieben Uhr wieder, da um sieben Uhr in Etterschlag ein feierliches Amt war. Schwer lagen uns die wenigen Ruhestunden auf den Gliedern, noch schwerer die fetten Leberwürste im Magen. Das Erwachen war häufig kein frohes. Nach dem Amt kam das Frühstück, sodann vertrieb man sich die Zeit bis zum Neunuhramt in Walchstadt. Das Gottesdienstliche beherrschte den Festtag, die weltliche Feier trat stark in den Hintergrund.

In der kaplanlosen Zeit blieben wir in der heiligen Nacht im Bette und besuchten erst am Festtage den Gottesdienst in Weßling oder Inning. Während der Feiertage war die Hauptbeschäftigung von Jung und Alt die Besichtigung der Krippe mit dem neugebornen Christkindl und all den malerischen Figuren. Man konnte sich daran nie sattsehen. Auch auf dem Hochaltar prangte ein mit Seide bekleidetes Christkind.

Als später die Kunde nach Etterschlag drang, dass in München in mancher Familie am Christabend ein mit Lichtern geschmückter Tannenbaum aufgestellt und jedes Familienmitglied mit einem Geschenk bedacht werde, schüttelte man im ganzen Dorfe den Kopf und sagte: „Das ist lutherisch!“

Die Etterschlager verbanden echt heidnische Anschauungen mit der Weihnachtszeit. Wer in der heiligen Nacht in der Kirche während der heiligen Wandlung durch das Griffloch eines Schemels, der aus neun verschiedenen Hölzern gemacht ist, sieht, kann alle Hexen und Druden des Dorfes erkennen; denn diese müssen umschauen.

In der Thomasnacht wurde Blei in das Wasser gegossen und aus den dabei entstehenden Figuren die Zukunft prophezeit. Am Weihnachts- oder Silvesterabend legte man zwölf Zwiebelschalen aus, bestreute sie mit Salz und glaubte, je nach der Feuchtigkeit, die sie schließlich zogen, den Witterungscharakter der einzelnen Monate des kommenden Jahres weissagen zu können.

In der Neujahrsnacht wurde fürchterlich geschossen, trotz des Verbotes. Die Burschen stellten Wachen aus. War der Gendarm im oberen Dorf, knallte es im unteren, und umgekehrt. Den nächsten Tag lachte ganz Etterschlag: Den haben wir gefoppt! Hie und da ging aber doch einer ein.

Die Fastnachtstage verliefen in Etterschlag sehr ruhig und harmlos. Nur hie und da gefiel sich einer in einer langen Nase oder närrischen Haube. Beim Wirt war „nichts los".

Altbayerische Weihnachten

Franz Xaver Rambold

Auf an goldigen Schimmi
Reit's Christkindl vom Himmi,
Hat a Sackl guati Sach'n,
Dass die Kinder grad lach'n.

Und der Schnee der tuat glitz'n,
Und die Stern', die tean blitz'n.
Und die Kerz'n im Dunkeln
Ganz absunderlich funkeln.

Was hat dös zu bedeuten,
dass die Glock'n so läuten
Und die Büchs'n so krachen
Und a Mordsmett'n machen?

Horch! Da hört ma was singa
Und a Musi tuat klinga:
„O du heilige Nacht,
Hast uns 's Christkindl bracht!"

Wie mir das Christkind begegnete

Karl Reinhold Döderlin

Der Winter war ungewöhnlich früh und heftig über das kleine entlegene Bergdorf hereingebrochen, in welches meine Eltern, Höhenluft für ein gesünderes Fortkommen suchend, im Sommer nach der Inflation gezogen waren. Es war ein Winter, wie ich ihn bis dahin nicht gekannt hatte.

In Stuttgart, wo wir zuletzt gewohnt, hatte es, wenn überhaupt, immer erst in den Wochen nach Neujahr ein wenig geschneit. Der Neckar, der es dort einigermaßen eilig hat, die Abwässer fortzutragen, die ihm auf vielen schmutzigen Industriekanälen und einer vorbildlich funktionierenden Stadtkanalisation zufließen, war, soweit ich mich erinnern konnte, niemals zugefroren, und ausreichend Schnee für eine Schlittenpartie, wie sie auf Postkarten zur Fremdenverkehrswerbung oft dargestellt war, gab es eigentlich nur auf dem eine Stunde entfernten Hasenberg oder auf der Degerlocher Höhe.

Dort aber wohnten nur die Kinder reicher Leute, und die durften sich nach Herzenslust auf der Weinsteige, wie die Straße dort hinauf heißt, tummeln. Stadtabwärts, wo man näher, als manchen Weltstadtbummlern lieb ist, an die Arme-Leute-Viertel herankam, war das Rodeln wie so vieles andere polizeilich verboten.

Im bayrischen Hochland nun war das alles ganz anders. Hier gab es fast nur arme Leute, und die Freuden des Winters, sofern sie sie als solche empfanden, waren gleichmäßig unter sie verteilt. Die reichen Herrschaften, die allenfalls die Polizei hätten dagegen anstrengen können, wohnten im Winter in der Stadt, wo sie sich von ihren Sommerferien ausruhten. Der Schnee, weiß wie Watte und so weich wie Daunen, fiel über Nacht in Fudern ins Tal, und morgens hatte mein Vater alle Hände voll zu tun, um die Tür freizuschaufeln, die von der Wohnküche unserer Blockhütte, dem größeren von zwei windschiefen Räumen, unmittelbar ins Freie führte.

Die Hütte, am Bergabhang gelegen, hockte wie der Fuchs in seinem Bau unter einer riesigen Wechte, die der Schneesturm ihr in der Nacht über den Giebel geweht hatte. Ich brauchte an diesem Tage nicht zur Schule zu gehen, weil der fast zweistündige Weg zum Kirchdorf metertief zugeschneit war. Die Schneepflüge, hölzerne Ungetüme von gigantischen Ausmaßen, wurden damals noch von Pferden gezogen, die oft stundenlang im Schnee stecken blieben und dann ihrerseits erst wieder ausgeschaufelt werden mussten. So war jeder größere Schneefall, der uns heimsuchte, für mich gleichbedeutend mit einem schulfreien Tag. Diesmal gar sah es aus, als ob wir endgültig von der Welt abgeschnitten wären. Ich schrie vor Vergnügen.

Nun muss man wissen, dass die Vorstellung von einem Bergdorf im Winter lückenhaft wäre, wenn man sich nicht der Sagen, Märchen und Mythen erinnerte, deren Erscheinungen sich der kindlichen Fantasie dort fast von selber aufdrängen.

Für meine Begriffe wimmelte es in den Bergwäldern ringsum von Zwergen und Gnomen. Knecht Ruprecht, des heiligen Nikolaus gestrenger Gehilfe, kam am Vorabend des sechsten Dezember im Ziehschlitten vom Berge gefahren, wo er den Sommer über unerkannt unter Holzfällern und Geishirten gelebt, und das Christkind selber bewahrte in der Felshöhle des Hohlensteins seine ungezählten Schätze auf. Man brauchte ja nur hinauszuhören, wenn die Nächte sternklar wurden und der Raureif die Tannenwälder versilberte, dann hörte man vom Berge ein überirdisches Singen und Klingen, welches der Wind manchmal weit in die Täler trug. Die Zeit vor Weihnachten war für uns Kinder in einer mehrfachen Weise geheimnisvoll.

So galt es also seit langem als ausgemacht, dass ich mich eine Woche vor dem Fest auf den Weg machen würde, um in den Bergen das Christkind zu suchen.

War ich von Knecht Ruprecht, der den Sack mit Ruten bald beiseitegestellt hatte, um mir aus einem zweiten Sack

Lebkuchen und Nüsse zu schütten, nicht geradezu aufgefordert worden, das zu tun? Artigen Kindern – und welches Kind wäre in den Wochen vor Weihnachten anders als artig? – war die Freundschaft des Christkinds ja allemal sicher. Warum also sollte ich es nicht selber suchen gehen, um ihm meine anspruchsvollen Wünsche, die sonst ja doch nie erfüllt wurden, persönlich vorzutragen?

Meine Mutter nahm mein Vorhaben nicht ernst. Mein Vater aber, der ein vorsorglicher Mann war, räumte die Skier, die irgendwann einmal von Touristen zurückgelassen worden waren, aus der Remise fort, wo sie den ganzen Sommer über ihren Platz gehabt hatten. Doch half ihm das nichts; ich fand sie eine Woche vor dem Fest auf dem Heuboden. Und so stieg ich denn mit den viel zu langen Skiern, deren viel zu weite Bindungen ich zweckmäßigkeitshalber über den Fußgelenken geschlossen und mit Stricken gesichert hatte, eines Nachmittags bergwärts. Die Enden der Stöcke, die vor mir von dem Riesen Rübezahl benutzt worden sein mögen, reichten mir bis über den Kopf hinaus, und ich musste sie ungefähr in der Mitte anfassen, um mich ihrer bedienen zu können.

Bergan ging das alles recht ordentlich. Es war meine erste Skipartie, und man kann sich vorstellen, wie stolz ich war, als ich endlich, ohne mehr als zwei- oder dreimal der Nase nach in den Schnee gestürzt zu sein, den Hochwald erreichte und bald darauf vor der sagenumwobenen Höhle des Berges stand. Ich hatte alle Anlagen, die erforderlich sind, um ein tüchtiger Skialpinist zu werden.

Lange stand ich und wartete darauf, dass sich irgendwas ereigne. Es ereignete sich aber nichts. Auch war ich jetzt viel weniger mutig als zuvor. Statt in die Höhle vorzudringen, wie es mein Vorhaben gewesen war, machte ich mich nach einiger Zeit, die vorsorglich abgeschnallten Skier mit den Stöcken vor mir herschiebend, bergabwärts auf den Weg. Ich war im Grunde meiner Seele zerknirscht; einmal über meine dumme Mutlosigkeit, ein andermal über die missliche Tatsache, dass mir das Christkind nun wahrscheinlich doch nicht begegnen würde. Ich konnte das jetzt auch nicht mehr wünschen. Wie sollte ich denn, ein erbärmlicher Feigling, der ich war, dem Christkind noch in die Augen sehen können?

Etwas anderes noch peinigte mich. Ich hätte den Eltern, zumindest aber der älteren Schwester, doch sagen sollen, wohin ich gegangen war. Plötzlich nämlich fürchtete ich, mich im schon dämmernden Hochwald zu verirren. Der Lehrer in der Schule hatte uns einmal eine schreckliche Geschichte von bösen Kindern erzählt, die von zu Hause fortgelaufen waren und sich im Walde verirrt hatten. Sie waren samt und sonders von Wölfen gefressen worden.

Zwar hatte ich die Geschichte nicht geglaubt, denn erstens gab es in unseren Wäldern natürlich keine Wölfe mehr, und zweitens wusste ich von meinem Vater, dem ich in solchen Dingen mehr als dem Lehrer glaubte, dass man solche Geschichten nur den Kindern erzählt, um ihnen, was meinem Vater unerlaubt schien, Angst und Schrecken einzujagen. Jetzt aber merkte ich, dass der Stachel, den solche Geschichten haben, mir doch im Fleische saß. Ich hatte unseren Lehrer bis dahin fast schrankenlos verehrt und geliebt. Nun aber hasste ich ihn. Wenn es wirklich Wölfe gab, die Kinder fraßen, woran ich schon kaum noch zu zweifeln wagte, so wünschte ich jetzt, dass sie ihn zuallererst fressen möchten.

Als es nach einer Weile gar noch undurchdringlich zu schneien begann und der Wind wirklich wie ein Rudel Wölfe durchs Gehölz heulte, fiel mir das Herz vollends in die Hosentaschen. Die Mutter mochte sich ängstigen, wo ich so lange blieb. Mehr noch aber trieb mich der Gedanke an den geschälten Haselnussstock des Vaters zur Eile an.

Schließlich erreichte ich den steil abfallenden Hochwald. Ich hielt mich immer geradezu, ohne eine bestimmte Richtung zu erkennen, und traf so fast unvermutet auf die Lichtung, von welcher aus sich mir das Tal mit seinen sternengleich aufschimmernden Lichtern öffnete. Inzwischen hatte auch das Schneetreiben nachgelassen. Ich war sicher, dass mein Schutzengel mich geführt hatte, und schöpfte aus dieser Gewissheit genügend Selbstvertrauen, um das letzte

Stück des Weges bergab mich des eigentlichen Zwecks meiner Skier zu bedienen.

Freilich war ich nicht sicher, dass ich die Schussfahrt ins Tal – denn nur um eine solche konnte es sich bei vollkommener Unkenntnis in den Dingen der Lauftechnik handeln – heil überstehen würde. Da ich mich aber einer erneuten Mutlosigkeit denn doch zu sehr geschämt hätte, stieg ich mit einer Art verzweifelter Courage, die oft der Antrieb zu großen Taten der Tapferkeit ist, in die Bindungen, setzte die Skier mit den Spitzen entschlossen talwärts und überantwortete mich somit blindlings den Gesetzen der Dynamik und der Schwerkraft.

In keinem Augenblick meines Lebens bin ich wieder so tollkühn gewesen. Erfahrenen Skialpinisten, auch wenn sie mit den verborgensten Tücken des Geländes vertraut wären, müsste eine solche Schussfahrt auf nächtlich unübersichtlichem Steilhang, wenn nicht als vollendeter Wahnsinn, so doch als ein Risiko ohne praktischen Nutzwert erscheinen. Ich aber, ein Wichtlein von sieben Jahren und schon von allen guten Geistern verlassen, stürzte mich mit einem Heroismus, der sich nur aus der Unkenntnis der Gefahr erklärt, auf den Hang. – Ich weiß noch, dass ich in diesem Augenblick, in dem es zum Denken freilich schon zu spät war, an den legendären Schneider von Ulm dachte, der das Fliegen probiert hatte und dabei in der reißenden Donau gelandet war. Er kam mit dem Schrecken und dem Spott seiner Zeitgenossen davon. Mir aber, obwohl es mir aufs Fliegen gar nicht ankam, sollte es schlimmer ergehen. Den mäßig steilen Einlauf zur Schussbahn, wo tiefer Neuschnee die Fahrtgeschwindigkeit bremste, bestand ich, wenn der Ausdruck hier erlaubt ist, mit Bravour. Dann aber, wo der Hang sich fast unvermittelt zu einem Gefälle von annähernd vierzig Grad neigt, begannen die Skier zu rasen. Ich sah ihre schneeglänzenden Spitzen wie ein Paar weiße Mäuse vor mir im Schnee tanzen und springen. Ich hielt mich wie an Zügeln und mochte zusammen mit den viel zu langen Skiern wohl einem Gespann gleichen, dessen Pferde der Teufel reitet. Es war eine Höllenfahrt.

Plötzlich auch wurde ich mit eisigem Schreck in den Gliedern gewahr, dass der Schneesturm den Steilhang an manchen Stellen wie mit dem Besen blank gefegt, anderwärts jedoch den Schnee zu tückischen Hügeln aufgetürmt hatte. Leute vom Fach kennen das. Es ist das Gemeinste, was einem Skifahrer begegnen kann.

Ich raste also über schwarz durchschimmernde Grasflächen, segelte über Schneewehen und spitz aufragende Maulwurfshügel, flog über Bodensenken und knapp verdecktes Steingeröll, drohte einmal über das rechte, ein andermal über das linke Bein abzukippen, wurde bei alldem wie von den Tatzen eines wilden Tieres, das mir eisigen Atem ins Gesicht und durch die Ärmel blies, an den Schultern gepackt und abwechselnd vor- und zurückgerissen, während mein ganzer Körper, als wär er ein hüpfender Federball, schwerelos hochgetragen und gleich darauf wieder, einem Sack voller Mehl gleich, zu Boden geworfen wurde.

Über meinem Bett, das in der Wohnküche unserer Blockhütte stand, hing jahrelang ein hölzerner Hampelmann; ich muss ihm in diesen Augenblicken – es handelte sich ja wirklich nur um Augenblicke – in allen meinen Bewegungen verzweifelt ähnlich gewesen sein.

Aber die Geschichte, an der es das Schlimmste ist, dass sie wahr ist, geht ja noch weiter. Mittlerweile trieb mir der Fahrwind das Wasser aus den Augen. Ein Brausen wie von hundert auf Fortissimo tönenden Orgelpfeifen zerriss mir fast die Trommelfelle. Man wird es mir glauben, wenn ich behaupte, ich habe die Engel singen gehört.

Ich hörte sie noch, als ich die Laufflächen der Skier plötzlich über Sandstein kratzen fühlte und in hohem Bogen, Kopf und Beine und Arme in einem wirren Durcheinander, hangabwärts geschleudert wurde. Von da ab weiß ich nichts mehr.

Viele Tage später erst erwachte ich aus wilden Fieberträumen. Jagdgehilfen, die von der Wildfütterung aus den Bergen zurückgekehrt waren, hatten mich gefunden. Ich lag in meinem Bett und hatte Mühe, mich in meiner Umwelt wieder zurechtzufinden.

Die erste Erscheinung, die ich klar auszumachen vermochte, war das Christkind. Es war ein recht ausgewachsenes Christkind; um vieles erwachsener jedenfalls, als ich es mir immer vorgestellt hatte. Es stand auf dem eichenen Esstisch in der Ecke, hatte eine grobe Schafwolljacke und ebensolche Strümpfe an und hängte gerade silbernes Engelshaar in die Zweige des Tannenbaumes, der bereits über und über mit Kerzen, Glaskugeln, Pfeffernüssen und Marzipansternen gespickt war. Also war ich wohl gestorben, dachte ich, und befand mich im Himmel. Einen so schönen Christbaum hatte es, solange ich noch lebte, auch gar nicht gegeben. Solche Christbäume, die bis an die Stubendecke und darüber hinaus wohl noch weit bis in die Wolken reichen, konnte es ja nur bei den Kindern reicher Leute oder im Himmel geben. Ich war sehr glücklich, gestorben zu sein.

Dann aber fiel mir ein, dass ich ja ohne die Eltern im Himmel wäre. Darüber war ich bei aller Furcht vor der Strafe, derer ich noch gewärtig zu sein hatte, sehr unglücklich. Ich nahm mir also ein Herz, redete das Christkind an und fragte es, ob es denn nicht wisse, wo meine Mutter sich befände, und ob der Vater sehr böse wäre, weil ich doch nun gestorben sei.

Da lachte das Christkind ganz unheilig, stieg geschwind vom Tisch, um sich meinem Bette zu nähern, und da merkte ich, dass das Christkind gar nicht das Christkind, sondern meine ältere Schwester war. Und die war so profan zu sagen, dass ich doch an so dummes Zeug nicht mehr glauben solle; ich hätte mir auf meiner Suche nach dem Christkind, wovon ich alle die Tage her im Fieber geschwatzt, neben den Beinen auch beinahe den Hals gebrochen (die Diagnose des Arztes lautete auf doppelten Schienbeinbruch, Knöchelfraktur und schwere Gehirnerschütterung), und wenn ich es genau wissen wolle, so sei sie tatsächlich das Christkind.

Da ging mir mehr als nur ein weihnachtliches Kerzenlicht auf. Auch spürte ich jetzt die Gipsverbände und die heftigen Schmerzen darunter. Dennoch war mir, als ob sich eine starke innere Beklemmung von mir löste. Ein Gefühl unendlicher Befreiung suchte mich in Schlaf zu versenken. Ich war schon halb eingeschlafen, als meine Mutter in die Stube trat, sich besorgt über mein Bett beugte, dann das Feuer im Herd schürte und die Kerzen am Baum anzündete.

Eine kurze Weile später kam auch mein Vater herein. Er hielt ein sehr langes verschnürtes Paket in den Händen und stellte es, nachdem er die äußere Packpapierhülle entfernt hatte, geheimnistuerisch unter den Herrgottswinkel, den der lichtersprühende Tannenbaum mit hellem Glanz erfüllte.

„Er schläft", sagte meine Mutter.

„Das kommt davon", erwiderte meine Schwester, „weil ihm das Christkind nun doch noch begegnet ist."

„Dann lass ihn mal schlafen", sagte mein Vater, „der hat seine Bescherung schon weg."

Und dann schlief ich wirklich ein. Ich schlief den sanften, wohltuenden Schlaf des wissend gewordenen Knaben, und als ich am ersten Weihnachtstag früh fieberfrei erwachte, wusste ich stärker als zuvor um die tiefe Geborgenheit im Kreise der weihnachtlich gestimmten Familie. Mir scheint noch heute, dass sie zum Besten gehört, was uns das Christfest empfinden lässt.

Der Vater, der nicht nur ein vorsorglicher, sondern auch ein weiser und gütiger Mann war, hat mir damals ein paar zünftige Skier mit den dazu passenden Haselnussstecken geschenkt. Die verdiente Strafe erließ er mir; ich hatte ja mein Lehrgeld bezahlt. Aber die Skier mussten noch lange unter dem Herrgottswinkel stehen bleiben, denn ich hatte viele Monate lang zu tun, bis ich mich der langsam heilenden Beine wenigstens für die natürliche Fortbewegung wieder bedienen konnte.

Wer's beurteilen kann, mag finden, ich sei später trotzdem ein recht tüchtiger Skialpinist geworden. Den Steilhang jedoch, über den ich ums Haar, Engelsgesang in den Ohren, zur Hölle gefahren wäre, habe ich seitdem mit weiser Vorsicht gemieden.

Geheimnis um den Christbaum

Anton Wandinger

Was das Christkindl von unserer Christbaumstehlerei gehalten hat, das habe ich nie erfahren, denn als Kind getraut man sich so ein hohes Wesen nicht zu fragen, nicht einmal über den Beichtvater, und als Erwachsener hat man keine rechten Beziehungen mehr dazu. Nun, ganz so schlimm muss es nicht gewesen sein, denn das Christkind legte Jahr für Jahr seine Gaben auch unter einen gestohlenen Baum. Und dass diese Gaben sehr spärlich, manchmal sogar recht armselig ausfielen, das lag bestimmt nicht am Christkind, sicher auch nicht an unserem Delikt, sondern ganz einfach an der damaligen Zeit, in der ein einfaches Halstücherl noch mehr Freude auslösen konnte als heutzutage der teuerste Nerzmantel, und wo ein Bubenherz vor einem plumpen Holzgaul noch höher schlug als in unserer Zeit vor dem raffiniertesten Raketenspielzeug.

Gewissenhaft, auf seine Art fromm und auf jeden Fall ganz streng für die Einhaltung des siebten Gebotes, wäre unser Vater nie und nimmer selber zum Christbaumstehlen gegangen. Das hätte er für eine Sünde gehalten und deshalb schickte er uns, den Sepp und mich, weil wir eben noch Kinder, Buben im Alter von acht und zehn Jahren, waren. Das heißt, um der Wahrheit die Ehre zu geben, direkt geschickt hat uns der Vater nicht, er hat ein paar Tage vor dem Heiligen Abend lediglich gemeint, „an Christbaam brauchat ma aa wieda“, und uns dabei so merkwürdig angeschaut.

Beim Sepp und bei mir hat es aber gar nicht mehr gebraucht, wir haben uns auch so ausgekannt. Wortlos nahm der Sepp, wenn die Dämmerung hereinbrach, Beil und Fuchsschwanz und bedeutete mir mit einem energischen Wink, ihm zu folgen. Der Sepp war nämlich nicht nur der Ältere von uns beiden, sondern auch der Schneidigere, sodass ich nur eine Art Begleiter- oder Statistenrolle zu übernehmen, unter Umständen sogar dafür zu sorgen hatte, dass sich die Sünde, falls es überhaupt eine war, was wir vorhatten, auf zwei Seelen verteilte.

Dabei stellten wir uns eigentlich recht dumm und ungeschickt an, denn anstatt die Sache harmlos und unbefangen anzugehen, schlichen wir uns unter der Last der schon vorweggenommenen Schuld so heimlich und vorsichtig, dazu in gebückter, lauernder Haltung aus dem Hof, dass jedermann schon auf zehn Stunden gemerkt hätte, dass da etwas nicht stimmt. Den offenen Weg vermeidend und jede Deckung ausnützend, wie Rothäute auf dem Kriegspfad, schlichen wir dem Homerholz zu. Wir hatten zwar selber auch ein Holz, aber das war erstens fast zwei Gehstunden weg, zweitens war es viel kleiner als das vom Homer, und drittens war ein Christbaum aus einem fremden Revier immer schöner als einer aus dem eigenen.

Der Sepp hat das richtige Bäumchen immer sehr rasch gehabt, denn er war geschickt im Umgang mit Beil und Säge. Außerdem waren unsere damaligen Ansprüche an einen Christbaum mehr als bescheiden, Hauptsache er hatte einen Stamm und ein paar Ästchen, an die man etwas hinhängen konnte. Ob die gerade oder krumm, kurz oder lang, gleichmäßig oder nicht waren, das kümmerte uns nicht. War das Bäumchen glücklich geschnappt, dann klemmte sich's der Sepp unter den Arm und heimzu ging's im Karacho, wobei ich als der Hinterdreinlaufende immer das unangenehme Gefühl hatte, als greife vom Wald heraus eine riesige, immer länger werdende Hand nach mir und packe mich beim Genick.

Eines Tages aber, nur der Himmel weiß, wie das passieren konnte, musste ich ganz allein, ohne den Sepp, ausziehen, um den Christbaum zu holen (ich muss das vorhin Gesagte korrigieren, wir sprachen in diesem Zusammenhang eigentlich immer nur vom Christbaum-„holen", denn das Wort „stehlen" hätte sich mit dem 7. Gebot nicht vertragen und für das, was wir taten, wäre es vielleicht auch zu hart gewesen). Ich hatte schon als Bub entsetzliche Angst, Angst vor der Nacht, Angst vor leeren Räumen,

Angst vor dem Keller, Angst vor dem Alleinsein, Angst vor dem Vater, Angst vor dem Wald. Zu alledem handelte es sich beim Homerholz um ein Waldstück, das besonders finster und unheimlich war. Jedermann daheim und in der Nachbarschaft sagte es ganz offen, dass in diesem Wald Kerbizainer (Korbflechter) hausten, und dass die kleine Kinder und Buben, wie ich einer war, verschleppten oder gleich gar umbrachten. Was Wunder, dass wir diesen Wald, nur eine gute Viertelstunde von unserem Hof entfernt, wie die Pest fürchteten und auf dem Schulweg, der nur in einem Abstand von einem guten Steinwurf daran vorbeiführte, unsere Köpfe einzogen und zu laufen anfingen, wenn wir vorbeikamen.

Kann man ermessen, was es bedeutete, dass ich eines Tages vor dem Heiligen Abend, noch dazu bei einbrechender Nacht, mutterseelenallein zu diesem Wald gehen musste, um den Christbaum zu holen? Anstelle eines Beiles hatte ich mir das große, scharfe Fleischmesser, das ich vorher in Papier gewickelt hatte, in die Innentasche meines Rockes gesteckt. Dann tat ich für meine Begriffe das einzig Richtige, ich zog den Kopf ein und meine Joppe so weit hinauf, dass ich nichts sehen konnte und dass ich deshalb, wie ich glaubte, auch selbst nicht gesehen werden konnte. Nur vorne ließ ich einen Spalt der Joppe so weit frei, dass ich wenigstens merkte, wohin ich tappte.

Früher, in meiner Kindheit, da gab es, soweit ich mich erinnere, nur weiße Weihnachten, meistens sogar schon mit viel Schnee, und die farblosen, grauen, leeren Feiertage, die kamen erst auf, als ich schon erwachsen war. Wie der Sepp, so nahm auch ich nicht den richtigen Weg oben auf der Höhe hin, sondern ich lief, ich holperte und stolperte über verschneite Feldraine und hart gefrorene Ackerfurchen zwischen zwei Hängen auf mein Ziel zu. Wie still und verlassen, wie einsam und doch wie voll von Geheimnissen und unsichtbaren Geschehnissen an so einem Winterabend kurz vor Weihnachten die Welt war! Nichts war zu hören, keine Stimme, kein Laut, nichts zu sehen, keine Menschenseele. Selbst die Krähen hockten regungslos in dem dunklen Gerippe der paar Bäume, die sich schemenhaft und wie unheimliche Wächter der Nacht von der weißen Schneedecke ringsum abhoben. Ich gewahrte kaum die Schneeflocken, die so groß wie kleine Wattebauschen durch die Luft schwebten und die sich sanft und weich wie lauter kleine Engel zu den anderen auf die Erde setzten, so stark war das Pochen meines Herzens, so groß die Angst, die meinen Blick trübte, meine Sinne verwirrte.

Ich wusste deshalb auch nicht, war es Traum oder Wirklichkeit, als ich, offenbar ganz in die Nähe des bewussten Waldstückes gekommen, eine Stimme hörte, die unendlich liebevoll und besorgt an mein Ohr drängte und rief: „Bua – Bua – do schau her – do geh her – Bua – Bua!“ Im ersten Schreck ließ ich mich wie ein gehetzter Hase in eine Ackerfurche fallen und spähte, zu Tode erschrocken und doch voller Neugier in die Richtung, aus der die Stimme kam. Und tatsächlich, nicht weit von mir, gegen den Waldrand hin, da hob sich, einer Himmelserscheinung gleich, eine Gestalt ab, die, über und über in den weißen Schneeschleier gehüllt, mit der einen Hand offenbar einen Christbaum in die Höhe hob. Und gleich wieder diese gute, diese werbende Stimme: „Bua – Bua – do schau her – do geh her – Bua – Bua!“

Das war doch – das Herz drohte mir vor Freude in der Brust zu zerspringen – das war doch – natürlich, das war die Stimme meiner Mutter! Oh, wie die mich kannte in meiner Ängstlichkeit und Not! Unbemerkt war sie mir gefolgt, hatte den direkten, kürzeren Weg genommen und für mich das Bäumchen aus dem Wald geholt, das ich als eine Art Mutprobe meinem Vater bringen sollte – und auch brachte, denn das, was sich an diesem Abend beim Christbaumholen ereignet hatte, das blieb bis heute ein streng gehütetes Geheimnis zwischen meiner Mutter und mir. Und dieses Geheimnis, das sie mit mir, mit mir ganz allein teilte, war schließlich das schönste und dauerhafteste Weihnachtsgeschenk, das ich jemals von meiner Mutter erhalten habe.

„Mmmh – a ganz a netts Bammerl host brecht“, stellte dann der Vater mit einer ungewohnten Achtung in der

Stimme zu mir gewandt fest, als der Christbaum an seinem angestammten Platz in der Stubenecke stand und die von Mutters Händen entzündeten Kerzen so hell und so froh hin- und herflackerten, als wüssten auch sie um unser Geheimnis und billigten es. Was mich selbst betrifft, so ging meine kindliche Gläubigkeit in diesen Augenblicken so weit, dass ich nicht im Geringsten daran zweifelte, dass das Christkind selbst den Lichterbaum gebracht und dass ich mit seiner Beschaffung nie etwas zu tun gehabt hatte.

Das Wunder

Josef Martin Bauer

In jenen Tagen – aber ihr wisst das genauso – in jenen Tagen gingen bei uns die Uhren alle falsch.

Eigentlich, recht besehen, standen sie den ganzen Tag lang still. Um wenigstens einmal am Tag die richtige Zeit zu haben, musste man davon ausgehen, dass es genau halb sieben war, wenn die Mutter mit dem Besenstiel drunten viermal gegen die Decke bumste zum Zeichen für uns Buben, dass wir aufzustehen hatten. Unsere Mutter irrte sich nie in der Zeit, auch wenn sie nicht nach der Uhr schaute. Beim Aufstehen also war es halb sieben, ein unverrückbarer Zeitpunkt, von dem aus man den ganzen Tag lang hätte rechnen können. Doch die Uhren – die mit den zwei Zifferblättern am Kirchturm und der Regulator in der Stube und der Wecker des Vaters – hatten sich vorgenommen, nicht weiterzugehen.

Der Besenstiel der Mutter verlangte, dass wir sogleich und ohne langes Ringen mit der Faulheit aus den Betten stiegen, die sich nur schwer von uns trennten. Barfüßig und mit sonst nichts am Leib als einem bisschen Hemd torkelten wir aus dem jähen Erwachen heraus in die Finsternis des Morgens. Die blanken Füße hatten im Umgang mit der Dunkelheit längst gelernt, ohne jedes Licht die Schritte richtig zu setzen bis zur Tür, und nach der Tür dann durch den Holzspeicher und die dreizehn Stufen der Stiege herunter.

Dann begegnete uns in der Küche das erste Licht des Morgens aus der Petroleumlampe auf dem Tisch. Mit Waschen am Brunnentrog und Anziehen und Morgensuppe, mit Morgengebet und Ermahnungen ging eine Menge Zeit hin, aber es war immer noch erst dreiviertel sieben, als wir in den beinhart gefrorenen Morgen, der noch stockfinster war, hinaustrabten, damit wir rechtzeitig zum Engelamt in der Kirche waren.

Aber nach dem schönen langen Engelamt und dem Frieren und dem Heimgehen unter allerhand Dummheiten war es noch lange nicht acht Uhr.

Wie das dann weitergehen sollte mit dem Tag, den man den Heiligen Abend nannte, wenn es nicht einmal Tag werden wollte und die Uhren nicht vom Fleck rückten, blieb mir entsetzlich unbegreiflich! Nicht einmal Schule war an diesem Tag! Ein paar Stunden Schule wäre immer noch besser gewesen als dieses zähe Warten. In dem Schuppen hinter einer lässig aufgerichteten Wand von Torfstücken lehnte eine magere Fichte, keine anderthalb Meter hoch, und die Torfwand sollte verhindern, dass wir den Boschen sahen, denn der sollte ja unser Christbaum werden. Aber wann denn endlich? Es war immer noch früher Vormittag.

Um zehn Uhr war der Postbote da. Eine Fahne weißen Hauch vor dem Mund und die Schuhsohlen verklebt vor lauter Schnee, den er polternd abstieß, gab er die Post herein. Die Post für uns war nicht der Rede wert. Der Postbote aber hielt die dreimal in der Woche erscheinende Zeitung gefächert wie ein Kartenspiel in der Hand, drei Stück von der Weihnachtsnummer, und blinzelte mich dabei vielsagend an. Von den drei Zeitungen war nur eine für uns, die beiden anderen sollten mit Gottes Hilfe und meinen jungen Füßen in zwei Einödhöfe kommen, die weit abseits lagen vom Zustellgang. Und meine Mutter hatte Verständnis für den geplagten Postboten: „Ja ja, es ist Heiliger Abend und der Schnee auf diesen Seitenwegen liegt ziemlich hoch. Lass nur die beiden Zeitungen da! Sie kommen schon hin, wohin sie gehören. Und du“, – sagte sie zu mir – „du hast sowieso nichts zu tun und lehnst nur herum. Geh nur gleich los mit den Zeitungen!“

Ich weiß nicht, ob es mich gefreut hat, bei schneidendem Wind und viel Schnee für den Postboten diesen Zustellgang zu machen. Aber zu unserer Zeit wurde ein Kind nicht nach dem Vergnügen an einer Sache gefragt. Mit den zwei Zeitungen in der Tasche stapfte ich in den Schnee hinaus und klopfte die beiden Höfe ab, damit man dort auch an Weihnachten erfuhr, wie es in den Zeitläuften stand.

Man war freundlich zu mir, als ich die Zeitungen hergab mit einem schönen Gruß vom Postboten. Jeder Mensch bemühte sich, an diesem Tag freundlich zu sein. Und mit zweimal einem liebenswürdigen hingesagten Vergeltsgott ging ich heim.

Es war elf Uhr. Die Ewigkeit dieses Vormittags hatte ich herumgebracht. Das Mittagessen war eine Erbsensuppe. Man hielt es damals genau nach der Ordnung mit dem Fasten! Irgendwann im Lauf des Jahres wurde das magere Essen von heute schon wieder eingebracht, und wenn es erst an Kirchweih war. Bei der Überlegung, die sich durch die Erbsensuppe vorausgetastete bis zur Kirchweih, fiel mir ein, dass ich im Keller gestern Abend zwei geschlachtete Gänse hängen gesehen hatte. Von der Erbsensuppe ging ein gerader Weg der Gedanken zu den Gänsen, nicht nur bei mir. Die Mutter sah von ihrem Teller auf und schaute mich schräg über den Tisch so an, dass ich wusste: sie denkt jetzt auch an die Gänse! „Du nimmst nach dem Tischgebet den Rucksack über und gehst in den Markt. Wir haben gestern unsere zwei Gänse geschlachtet, das weißt du. Eine ist für uns, die kleinere. Die andere Gans, die größere, die schönere, bringst du heute Nachmittag zu Herrn Kienlechner."

Herrn Kienlechner kannte ich wohl. Der war ein ungeheuer gemütlicher Herr, der mit Getreidehandel und seiner Melberei so viel Geld verdient hatte, dass er privatisieren konnte. Etliche Male ist er auch zu uns gekommen und mit uns Kindern so vergnügt gewesen, als wären wir seine eigenen. Er selber hatte keine Kinder. Zu dem also musste ich gehen und ihm eine Weihnachtsgans verkaufen.

„Du kennst dich im Markt ja aus", erläuterte die Mutter. „Wenn du von unserer Seite her durch den ganzen Markt gegangen bist, gehst du auf der anderen Seite durchs Tor hinaus. Dort hat der Herr Kienlechner sein Haus. Du erkennst es an einem geschnitzten Engelskopf an der Tür. Du musst dich bei ihm anständig einführen: ‚Grüß Gott, Herr Kienlechner, und einen schönen Gruß von meinem Vater und meiner Mutter', und so weiter. Wenn er nicht daheim ist, gibst du die Gans seiner Haushälterin und sagst, es wird

Herrn Kienlechner bestimmt recht sein, dass sie die Gans kauft. Du sollst natürlich schon für das Pfund achtzig Pfennig bekommen. Dreizehn Pfund hat die Gans. Das macht zehn Mark vierzig für die ganze Gans. Geh jetzt!"

Also musste ich bei diesem Wetter und den verschneiten Straßen losgehen. Allein. Acht Kilometer, den Rucksack mit der Gans übergehängt und die Hände in den Taschen, damit sie nicht so bitterlich froren. Beinahe hätte ich lieber daheim den Stillstand der Zeit und der Uhr ertragen bis zum Abend, bis zu dem Augenblick, da die Stubentür aufgemacht wurde! Allein in den Markt – acht Kilometer hin, acht Kilometer zurück!

Beim Schindelholz, wo am Wald entlang ein Seitenweg auf unsere Straße zukommt, trabte einer daher, den ich kannte. Er – Vaitel hieß er – war mir um etliche zwei Klassen in der Schule voraus. Seine Mutter hatte ein Häusel dort hinterm Holz mit einer Kuh und etwas Federvieh. Sie hatte ihre Gänse geschlachtet und der Vaitel hatte zwei davon im Rucksack – sicherlich nicht so appetitlich in Endivienblätter und Pergament verpackt wie meine Gans. Aber Vaitel – darüber war ich mir klar – hatte die zwei Gänse in einer Stunde los! Er war nun einmal so einer, der das konnte: vor den Leuten so daherreden, dass es recht vernünftig und erwachsen klang.

„Ah schau! Wo gehst du denn hin?"

„In den Markt geh ich. Grüß dich, Vaitel!"

„Dann haben wir ja den gleichen Weg und es ist nicht so langweilig."

„Vielleicht auch nicht so kalt."

„Bis wann musst du wieder daheim sein?", wollte der Vaitel wissen.

„Bis sechs auf jeden Fall, weil da bei uns das Christkindl kommt."

Als wir erst einmal auf der Distriktstraße waren, empfand ich es schon als angenehm, dass sich der Vaitel an mich angehängt hatte. Es war ihm gut zuzuhören, wie er von tausend Dingen erzählte, die sich bei denen daheim so begaben, und als wir nach noch einmal einer guten Stunde die

Kirchtürme des Marktes aus dem kalten Dunst auftauchen sahen, war ich längst bereit, eine ganze Menge von dem zu glauben, was er mir unterwegs erzählt hatte.

Wohin ich mit meiner Gans gehen werde, um sie loszuwerden?, fragte er mich, und ich sagte ihm die Wahrheit: zum Herrn Privatier Kienlechner.

„Das ist ein gutes Haus“, meinte er, „und der Kienlechner dreht ja nicht jedes Geldstück dreimal um, bevor er es ausgibt.“

Der Vaitel wusste sicher genau, wo er seine Gänse verkaufen würde!

Es war so schätzungsweise zwei Uhr, als ich durch den ganzen Markt getrabt war und außerhalb des Tores an dem Haus mit dem geschnitzten Engelkopf die Glocke zog. Auf mein zweites ganz bescheidenes Glockenzeichen erschien ein herbes Frauenzimmer, das mich nach meinem Wunsch fragte.

„Einen schönen Gruß von meiner Mutter“, sagte ich, „und ob ich vielleicht Herrn Kienlechner sprechen könne? Ich hätte ihm etwas zu bringen.“

„Herr Kienlechner schläft“, belehrte mich die Haushälterin.

„Wenn du ihm etwas bringen musst, Kleiner, dann bleibt dir nichts übrig als zu warten. Es kann Viertel nach drei, es kann halb vier Uhr werden, bis Herr Kienlechner aufsteht.“

Diese Auskunft drückte mich auf den Magen, wie wenn ich zu Mittag einen Stein statt der Erbsensuppe bekommen hätte! War es erst einmal drei Uhr, dann fiel schon die erste Dunkelheit ein.

Hinter der Haushälterin ging ich die Treppe hinauf, und wahrscheinlich kam es von dem schönen Gruß, den ich im Namen meiner Mutter bestellt hatte, dass ich in ein großes schönes Zimmer gesetzt wurde. „Da setz dich nur her, Kleiner!“ Über diese Anrede war ich jedes Mal verdrossen, aber der Stuhl, den ich angeboten bekam, war gepolstert und hatte an der unteren Kante des Sitzes gedrehte Quasten hängen, an denen ich fortwährend zupfte – erst recht als ich sah, dass ich einer Standuhr gegenüber saß, deren Pendel ich zwar schwingen sah, deren Zeiger aber sich nicht vom Platz bewegten. Da fiel mir das Beten ein, das Beten um ein gutes Gelingen des Gansverkaufs.

Darüber wurde es begreiflicherweise endlich doch annähernd halb vier Uhr. Jetzt knallte Herr Kienlechner die Tür auf, gähnte, sah mich an und ließ sein rotes Gesicht zu breiter Freundlichkeit auseinanderrinnen. „Schau, schau! Dich kenne ich ja, Bursch! Natürlich! Wie geht's dem Vater? Der Mutter?“ „Gut, glaub ich. Einen schönen Gruß von meiner Mutter, sie hat die Weihnachtsgänse geschlachtet, und die schönste Gans hat sie ausgesucht, und da hat sie gesagt: Die bringst du dem Herrn Privatier Kienlechner ...“

Ich hatte meinen Vers gut gelernt. Herr Kienlechner legte mir eine schwere Hand auf die Schulter: „Ach du lieber Gott!“, sagte er, „ach du lieber Gott! Was soll ich jetzt auch noch mit einer dritten Gans? Meine Haushälterin hat schon zwei Gänse draußen in der Speis liegen! Die zweite können wir ja sowieso erst an Neujahr essen.“

Meine Knie kamen nach vorn und wollten das wenige Körpergewicht mit der Gans dazu nicht mehr tragen. Das wurde so ein Heimkommen mit der unverkauften Gans im Rucksack! Da sagte ich ganz schüchtern noch: „Achtzig Pfennige das Pfund, hat die Mutter gemeint. Das wäre der Preis, hat sie gemeint.“

„Alles recht und schön! Aber es hat ja keinen Sinn, weil ich schon zwei Gänse habe. Pass auf, Kerl! Da hast du von mir, weil du so ein anständiger Kerl bist, eine Mark, nein, zwei Mark! Die gehören dir, dir selber. Die Gans freilich, ja, da musst du sehen, wo du sie los wirst. Die zwei Mark sind für dich allein, verstanden! Deiner Mutter und deinem Vater sagst du einen schönen Gruß von mir!“

Damit verabschiedete mich Herr Kienlechner.

Auf der Straße war es schon beinahe dunkel. Müde schleppte ich mich der Brücke zu. Dort wollten wir uns wieder treffen. Auf der Brücke stand, so jämmerlich wie ich selber, der Vaitel und lehnte so, dass der Rucksack auf dem Geländer aufgestützt war.

„Was ist denn? Du hast ja deine Gans noch im Rucksack?“, fragte mich der Vaitel.

„Du vielleicht auch?“, fragte ich enttäuscht dagegen.

„Eine ist weg. Beim Rotgerber. Siebzig Pfennige das Pfund. Die andere kann ich wieder heimtragen. Kein Mensch will mehr eine Weihnachtsgans.“

Der Vaitel war kleinlaut geworden. Wir lehnten da und waren so lahm, so schlaff, so traurig. Ein Windstoß hätte uns umblasen können.

Ich durfte nicht mit der Gans heimkommen! Der Vaitel wohl auch nicht. Und das am Heiligen Abend! Am Ende aber blieb uns nichts übrig, als den Rucksack vom Geländer zu heben und weiterzugehen. Also schlenkerten wir weiter und bogen in die Heiliggeistgasse ein, zwischen der Heiliggeistkirche und dem Bürgerspital. „Die würden sich auch freuen, die Armen da drinnen, wenn sie einmal im Jahr Gansbraten bekämen!“, meinte der Vaitel und deutete zum Bürgerspital hin.

Lass mich in Ruhe mit dem Gerede, wollte ich sagen, doch ohne dass ich mich der Sache recht versah, stieß mich der Vaitel die paar Treppenstufen zum Eingang des Bürgerspitals hinauf, er immer eng hinter mir her. Es war der blanke Unsinn, was der Vaitel der Spitaloberin dann vorredete, als sie ein paar Minuten später nach unseren Wünschen fragte.

Die Oberin aber hatte schon ganz und gar Weihnachtsaugen! Ihr wisst, was für Augen der Mensch am Heiligen Abend bekommt, auch wenn ihm Weihnachten nur ein Tag wie jeder andere ist! Der Vaitel redete und redete. Die Oberin – weil sie schon gelernt hatte, alles mit den Weihnachtsaugen anzusehen: die Gänse, ihre armen Spitaler und uns zwei Buben, für die ein übles Weihnachten begann, wenn wir die Gänse wieder heimbrachten – die Oberin also machte dem Gespräch ein Ende mit einem milden Seufzer: „Naja, in Gottes Namen!“ Was die Gänse denn kosten sollten?, fragte sie.

„Siebzig Pfennige das Pfund.“

Achtzig Pfennige hätte ich verlangen müssen. Die Mutter wollte für die dreizehn Pfund zehn Mark vierzig sehen. Aber ich hatte die zwei Mark vom Herrn Privatier Kienlechner in meinem dünnen Lederbeutel. So konnte ich die Mutter zufriedenstellen – doch blieben mir nur mehr siebzig Pfennige.

Nach sorgfältigem Wiegen bekamen wir das Geld auf die Hand gelegt. Die Spitaler – sie waren ja nicht sehr viele – bekamen morgen Mittag ein Stück Gans, weil man Weihnachten hatte.

Wir bekamen jeder eine Handvoll Backwerk in die Joppentasche gesteckt, und ein gutes Wort auf den Weg. Weil man Weihnachten hatte.

„Fröhliche Weihnachten, Frau Oberin!“, riefen wir. „Und vergelt's Gott, dass Sie die Gänse gekauft haben!“

„Das ist schon recht so. Lasst euch ein schönes Weihnachten werden!“

Als hätten wir starken Wein bekommen, torkelten wir beseligt die paar Steinstufen vor dem Bürgerspital hinunter, schlugen einer dem anderen auf die Schulter vor Freude und machten uns auf den Heimweg.

Sogar der Vaitel, dem sonst alles rau und eckig aus dem Maul kam, hatte etwas Weicheres auf die Zunge gestrichen bekommen. „Die Oberin hat nicht gemurrt, nicht geklagt und nicht geschimpft“, sagte er; „sie hat ohne viel Herumreden die Gänse genommen. Warum eigentlich?“

„Ich weiß nicht“, meinte ich.

„Sie hat doch gar keine Gänse gebraucht?“, überlegte der Vaitel weiter.

„Nein. Es ist seltsam“, stellte ich fest. „Alles ist seltsam. Dass wir unser Geld haben, auf das die Mutter wartet. Dass wir die Taschen voll weihnachtsgebackener Sachen haben. Dass die Nacht heute keinen Nebel bekommt.“

„Wo kommt das alles her?“, fragte der Vaitel wiederum; „heute kämen mir, glaube ich, sogar beim Singen ein paar ordentliche Töne heraus – Alleluja. Und so weiter. Ohne dass mich der Lehrer mit dem Fiedelbogen auf den Schädel klopfen müsste, wie er es jedes Mal tut, wenn ich recht falsch singe.“

Wir gingen fest dahin und vor lauter Reden merkten wir es kaum, dass der Weg mühsam war und der Schnee auf der Straße pappig. Daheim war längst die Zeit, dass die Kerzen am Baum angezündet werden sollten. Die Mutter wartete, das wusste ich. Die Stube blieb dunkel. ‚Ist es denn so schwer gewesen, die Gans zu verkaufen?', glaubte ich meine Mutter zu hören.

Wir setzten uns um halb acht – weil wir doch schon recht müde waren – auf den Sockel der Stundensäule zu einer kleinen Rast, bis uns kalt wurde. Das Weitergehen machte uns langsam wieder warm. Und eigentlich hätten wir zwei Buben so allein Angst haben müssen. Aber mit der Angst und der Furcht war es auch nicht so wie sonst. Die Angst kam nicht einmal, als wir den Seitenweg erreichten, auf dem nach Mittag der Vaitel gekommen war.

„Du hast es schön, Vaitel. Du gehst übers Holz und bist in zwanzig Minuten zu Haus. Verlauf dich nicht und komm gut heim!"

„Gute Nacht und schöne Weihnachten!", erwiderte der Vaitel.

„Nach Dreikönig sehen wir uns ja in der Schule wieder."

Pfeifend ging der Vaitel seines Weges und ließ mich allein.

Damit die Zeit sich verkürzte, ließ ich mir etwas von daheim träumen, von der Stube und dem Baum auf dem Tisch und den aufgeschlichteten Sachen, die ich bekommen würde. Es machte nichts, dass alles zusammen nicht mehr als zwei Mark kostete, wenn doch in der Heiligen Nacht die paar Kleinigkeiten um viele hundert Mark Freude ahnen ließen.

Mein Weg bis zu Hause war höchstens noch zehn Minuten weit. Da spürte ich plötzlich, dass ich den Lederbeutel mit dem Gansgeld nicht mehr hatte! Unter dem Backwerk hatte ich ihn tief in der rechten Joppentasche gehabt. Das letzte Plätzerl war aufgegessen – und darunter fand sich in der Tasche nichts mehr. Das wurde nicht anders, als ich alle Taschen von Joppe und Hose umkehrte. Der schäbige Lederbeutel mit dem Geld war dahin. Und im Frühjahr, wenn der Geldbeutel vielleicht gefunden wurde, konnte längst niemand mehr meinen Namen lesen, den die Mutter mit Tintenstift auf das Leder geschrieben hatte.

Ich lehnte mich auf gegen den Gedanken, ohne das Geld heimzukommen. Ich wusste, was zehn Mark bei uns waren.

Und ich begann, die ganze Straße abzusuchen, die ich gekommen war. Zuerst das Stück zum Querweg, den der Vaitel genommen hatte. Dann bis zur Stundensäule, denn vielleicht hatte ich das Geld bei der Rast verloren.

Und endlich bin ich zurückgegangen bis vor das Bürgerspital. Die Uhr der Heiliggeistkirche schlug halb zwölf. In den Fenstern stand viel Licht aus den Christbaumzimmern und manche Leute machten sich schon auf den Weg in die Mette. Ohne Willen und Gedanken ließ ich mich mit den Leuten treiben, die zur Mette in die Heiliggeistkirche gingen, und auf der harten Kniebank betete ich wie schon lange nicht mehr. Ich bettelte Gott an, er möge doch um meinetwillen ein Wunder tun, ein gütiges Wunder an einem Knaben, der das Gansgeld verloren hatte. Ich muss ungeheuerlich gebetet haben. Denn es ist dann wirklich ein Wunder geschehen. Es gab mit einem Male eine leise Stimme neben mir, die mir ins Ohr sagte: „Komm, Bub! Steh auf! Wach auf!“ „Was ist?“, fragte ich, ohne ganz wach zu sein. „Steh auf, Bub, und geh mit heim!“

Jetzt erschrak ich so tief, dass ich vollends wach wurde. Ich erkannte meine Mutter, die mir da etwas Begütigendes ins Ohr gesagt hatte.

„Um zehn Uhr haben wir zu suchen angefangen, der Vater und ich. Und jetzt finde ich dich endlich. Es ist Weihnachten. Neun Uhr am Morgen. Die Leute haben mir gesagt, du kniest in der Heiliggeistkirche und schläfst seit der Mette.“ Jetzt musste ich meine Schuld gestehen. „Du hättest mich nicht suchen sollen, Mutter. Ich habe das Gansgeld verloren und habe den Geldbeutel die ganze Nacht gesucht.“

„Das Geld verloren? Alles Geld verloren?“ Für einen Augenblick klang die alte Härte aus der Stimme meiner

Mutter. Dann aber sagte sie leise zu mir: „Darum also! Du hast das Geld gesucht. Ich habe *dich* gesucht!“

Das Einzige, was sie noch fragte, war: „Kannst du gehen, Bub?“

„Ja, Mutter. Die Knie tun weh. Aber gehen kann ich wieder.“

„Dann komm! Komm! Gehen wir heim. Du hast den Heiligen Abend versäumt. Aber wir haben den Baum nicht angebrannt . . . Das tun wir erst heute, wenn auch du wieder bei uns bist.“

Und kein Wort von dem verlorenen Gansgeld, das für uns so etwas wie ein Vermögen war. Die Mutter trug schwer daran. Ich weiß. Doch sie sagte kein Wort davon, hielt eine Hand auf meiner Schulter und führte mich heim.

„Es ist schön daheim, Bub! Und warm!“, ermunterte sie mich, wenn ich auf dem Heimweg schlapp werden wollte. Und es war ausgelöscht, weggeschoben wie vergessen, dass ich unser Weihnachtsgeld verloren hatte. Weil Weihnachten war. Und weil ich so inständig bei der Mette um ein Wunder gebetet hatte.

Am Tag nach den Feiertagen kam ein wüster Bursche, der bei der Stundensäule meinen Geldbeutel gefunden, meinen Namen darauf gelesen und sich in zwei Tagen zäher Überlegung dazu durchgerungen hatte, den Geldbeutel bei uns abzugeben. Auf seine Art war das auch ein Wunder, weil dem Burschen das Bemühen um die Ehrlichkeit gelungen war.

An Weihnachten geschehen eben so viele Dinge, die sich nur schwer begreifen lassen! –

Die Christmette

Oskar Maria Graf

Die schönsten Sachen, die wo ich als Schulbub mitgemacht habe, hängen gar nicht mit unseren Indianerspielen und unserem sonstigen Umtreiben zusammen. Bei diesen wunderschönen Sachen ist auch eigentlich gar nichts Richtiges passiert, wir haben uns bloß immer sehr darauf gefreut, und wir haben uns noch lang nachher ungemein wohlig daran erinnert. Da war zum Beispiel das Mettengehen in der Weihnachtszeit. Nachdem wir schon eine Zeitlang unseren hell leuchtenden Christbaum mit dem künstlichen Schnee, den Silberfäden und den farbigen Kugeln, den daran hängenden Nüssen, Äpfeln und den Mürbeteigplätzchen bewundert gehabt und unser Spielzeug, die Indianerbücher oder was wir sonst noch zum Christkindl bekommen, halbwegs ausprobiert und durchgeschaut haben, hat es geheißen, jetzt geht's nach Aufkirchen in die Mette. Da sind wir, wenn es auch schon spät nach zehn Uhr in der Nacht gewesen ist, sofort wieder lebendig geworden, haben uns in aller Schnelligkeit unser dickes Winterzeug angezogen und sind hinaus aus dem Haus. In der tief verschneiten, eiskalten Dunkelheit haben wir Dorfkinder uns gesammelt und allesamt auf die breite, hölzerne, von vier Rössern gezogene Schneeschloapf (Schneepflug) gehockt, die wo der Schatzl-Knecht in unser Pfarrdorf hinaufgefahren hat, um den Weg zu bahnen.

Je mehr wir Kinder gewesen sind, umso besser ist es gewesen, weil alsdann die Schloapf wegen dem Gewicht tiefer gegangen ist. Endlich haben die prustenden Rösser angezogen, und die in den mannshohen Schnee gesteckten Windlaternen außerhalb vom Dorf haben gelbe Linien wie lange Schwerter in die Finsternis geworfen, die rundherum bis in den Himmel kohlschwarz, kalt und stad um uns gewesen ist. Wir Kinder haben gelacht, ineinander geplappert, uns von unseren Christkindlgeschenken erzählt und auch zwischenhinein gesungen, und wenn wir bei unserem

Feldkreuz angekommen sind, haben die Windlichter aufgehört, und auf einmal war bloß noch die schwarze Nacht da, wo keiner mehr weitergefunden hätte. Droben aber, vom Aufkirchner Berg herunter, haben die hohen, schmalen, märchenhaft schön bemalten Fenster von unserer uralten Kirche geleuchtet und schier wie überirdisch gestrahlt, und je näher wir gekommen sind, umso deutlicher sind die Umrisse von der Kirche selber aufgetaucht. Auf einmal waren die Mauern, das Dach und der Turm zu sehen, so fest und ruhig und gottesmächtig wie seit ewiger Zeit . . .

Wie die Schloapf endlich im Pfarrdorf Halt gemacht hat, sind wir heruntergesprungen und samt dem tiefen Schnee hinter das Pfarrhaus gelaufen, und nichts hat man mehr gehört als wie unser fast juchzendes: „Ah! Ah! Do schaugt's obi, do kemma dö Farchner! Und do, ah, ah! Do drenten die Bachhauser! Und sehchts ös, do ganz weit weg, do hintn die Mörlbacher. Ah, wia schön ois dös is!"

Da sind sie dahergestapft, aus dem weiten, breiten Farchach-Bachhauser-Tal herauf, die Bauern und Weiber und Kinder; durch die schwarze Nacht und den tiefen, tiefen Schnee wateten sie mit ihren Windlaternen, und das hat ausgeschaut, als wie wenn wirkliche Sternketten dahergewandert wären.

Vor lauter Frieren haben unsere Zähne aufeinandergeklappert, der bissige Wind und die Eiskälte haben durch unser dickes Zeug geweht bis auf die Haut. Aber wir haben bloß fort und fort auf die näherkommenden Sternketten geschaut, geschaut und geschaut, und die Zehen oder die Hände haben wir uns oft dabei erfroren, bloß Augen haben wir noch gehabt.

Und wenn dann beim tief brummenden Glockenläuten so nach und nach die strahlend erleuchtete, steil ins Gewölbe aufstrebende Pfarrkirche sich dicht und immer dichter mit den Mettenbesuchern gefüllt hat, wir Kinder mitten drinnen, wenn der Pfarrer im schönsten, goldstrotzenden Ornat und hinter ihm die klingelnden Ministranten aus der Sakristei gekommen und über die von einem roten Teppich belegten Stufen zum Hochaltar hinaufgegangen sind, wenn in dem Augenblick, fast wie noch mal so laut als wie sonst, die Orgel erklungen ist, und Chorstimmen eingefallen sind – wahr und wahrhaftig, das ist jedes Mal gewesen, als wie wenn unser allmächtiger Herr und Gott selber dieses prangende, prunkende Inwendige von unsrer Pfarrkirche aus Licht und Farben und Gold, aus Orgeltönen und Gesang wie ein märchenhaft prachtvolles Schmuckkästlein mitten in unsere tief verschneite, eiskalte, stockdunkle Weltkugel herabgestellt hätte, und ich glaub, nicht bloß uns Kinder, sondern jeden, der wo da frierend und vom langsam aufgleimenden Schnee durch und durch nass in den Betstühlen gekniet oder auf dem rutschigen, nassen Pflasterboden gestanden ist, hat es da wie ein Wunder überkommen. Ganz und gar aber hat uns alle schier verzaubert, wenn am Schluss der Mette – von den rostigen, tiefbassigen Mannsbildern, den heller singenden Weibern bis zu den dünnen Stimmen von uns Kindern – das gemeinsame Tedeum gesungen worden ist, dieses gewaltig zum Himmel hinaufbrausende „Großer Gott, wir loben dich ..."

Beschreiben kann ich das nicht mehr. Mir ist es aber jedes Mal so vorgekommen, als wie wenn der ganze Stimmenfluss sich so mit dem Orgelspiel vermischt hat, dass man gemeint hat, das Singen und das Spiel schweben auf einem samten weichen, aber unsichtbaren Teppich über uns empor, immer höher, das Kirchengewölbe bricht oben auf, und der klingend leuchtende Teppich wird im Schneien und in der stockdunklen Nacht sichtbar – er steigt und steigt, und auf einmal tut sich rund und groß der Himmel über uns auf und zeigt uns in einem kurzen Augenblick seine ganze strahlende, heilige, unermessliche Pracht.

Wahrscheinlich muss es allen in der Kirche so ergangen sein, weil jeder seltsamerweise sein Gesicht himmelwärts gehoben hat. Wir Kinder haben da unser Frieren vergessen, und die Gesichter der ausgewachsenen Leute um uns herum haben fast wie verklärt ausgeschaut, vielleicht weil sie in den paar Schnauferlängen wirklich bloß noch an unseren großmächtigen lieben Gott und seinen Himmel gedacht haben ...

Ach, und daheim hat es alsdann Leber- und Blutwürste mit Kraut gegeben und später den schweren Punsch mit Christbaumgebäck, und aufbleiben haben wir dürfen bis lang, lang nach Mitternacht.

Hirtenlied

Frohlocket, ihr Brüder, seid alle voll Freud,
Legt ab eure Sorgen und denkt an kein Leid!
Jetzt werd ja bal kemma die gewünschte Zeit,
Von der Küneg David schon lang prophezeit.

Zu Bethlehem drenten, in an alten Stall,
Liegt schön in der Krippen – Betrachtet amal! –
Ja, unser Erlöser, ein Kindlein ganz klein,
Mit Nam hoaßt er Jesus, das tuat mi recht freun.

Jetzt wellma halt schleunig auf Bethlehem gehn,
Schaut's Buama, durt tuat schon a Stall offa stehn;
A Stern tuat hell leuchten, a Schrift hängt dabei,
Hoaßt: Gloria pax dawis, der Fried sei mit euch!

Gott grüaß enk beisamma im Stall da herin!
Schau, Jodl und Tamma, da liegt dös kloan Kind!
So liabla, so freindla, so zart und so schen!
Vor Freuden tun mir schon die Augn übergehn.

I sollt enk was schenka, han aber nöt vil,
Eier, Schmalz und Buttern, und a Kännel Goaßemill';
Und i häd no dader an Zwetschgenbranntwei',
Der ghört für dein Vader, dir möcht er z' stark sei!

O du göttliches Büaberl, mir bitten di sche,
Tua unser gedenka, wann's z'm Sterben sollt geh',
Tua unser gedenka, o liabs Jesulein,
'n Himmi tua schenka und lass uns all ein!

O du liabster Jesu, mir bitten allzeit:
Von Feuer und Wasser dös Laufen befrei!
Und schenke uns heuer ein glücklich's neu's Jahr,
Von Krieg und von Unglück dös ganz Land bewahr!

Die Krippe

Hans Carossa

Warum haben wir Freude an dem Knaben, der eigenwillig Werk auf Werk unternimmt, bald ein Haus, bald ein Schiff, bald eine Brücke baut, aber dem Fertigen keine Treue hält, sondern es gleich wieder zerschlägt und Neues unternimmt? Wir freuen uns, weil wir den treuen Sinn dieser Untreue ahnen. Wir glauben an den immer werdenden, immer sich erbauenden, immer erscheinenden Geist. Er schlüpft in manches Gespinst und belebt es nach seiner eigenen Figur, um unbeirrt eine Strecke zu wachsen. Ist dies geschehen, ist der neue Stand erreicht, so zieht er sich aus dem Sinnbilde seiner letzten Entwicklung zurück, zerstört es wohl auch und verwandelt sich in das Nächste.

Das Krippchen wuchs langsam. Ein breites Fenstergesims war mir überlassen; aber eine Woche verging, und immer lagen dort erst ein paar Hölzer und Stäbe, etwas Moos und jenes flimmernde Granitstück, das ich im Glauben an seinen unermesslichen Wert beim Umzug aus Königsdorf mitgenommen hatte.

Nach langem Brüten fiel mir ein, dass vor allem Himmel und Gebirg entstehen müssten. In einem Schrein der Mutter befanden sich große Bogen feinen Papiers von einem durchscheinend lichten und fernen Blau, damit schlug ich den oberen Teil des Fensters aus und schuf eine heilige Düsternis, welche tief unten durch blaugraues Pappegebirg zu hintergründiger Nacht verdichtet wurde. Körperhafter waren die Vorberge: verhärtete Baumschwämme, auf denen schon Häuschen und Bäumchen angebracht werden konnten. Mitten unter den Schwämmen stand der Granit; in diesem sah ich Schwerpunkt und magnetisches Geheimnis der Landschaft, was ich aber niemand verriet. Schmaler Wald aus kleinen Föhrenzweigen bedeutete den Übergang vom Höhenlande zur Ebene. Um einen würdigen Boden zu bereiten, löste ich vom feuchten Holze, das die Magd zum Ofen schleppte, die Rinden ab, machte sie flach und legte sie nebeneinander; manche waren mit lockigen oder geweihig verzweigten Moosen geschmückt, manche mit feinem Pilz wie mit Grünspan angelaufen. Roh gefügt standen auch Stall und Krippchen bald im Vordergrunde; nun aber stockte die Ausführung, es fehlte viel, was nicht so leicht zu beschaffen war. Und nun begann ich mit behaglicher Wut, elsternhaft alles heimzusammeln, was ungefähr nach meinen Zwecken aussah: Scherben, Kiesel und bunte Stoffe; ja, ein Bauernjunge, der in der Schule vor mir saß, musste sich's gefallen lassen, dass ich seiner dicken, schwarz und rot gestreiften Winterjoppe entzupfte, was an farbiger Wolle nur herauszubringen war. Da er sich verwundert umdrehte, flüsterte ich ihm zu, dass das Tröglein des Christkinds damit ausgepolstert werden solle; gutmütig ließ er sich weiterzausen, ja brachte mir am nächsten Tag einen bläulichen Häherfittich, damit, meinte er, sollte ich die heiligen Könige aufputzen. Woher ich Könige, woher überhaupt Figuren nehmen sollte, wusste ich nicht, vertraute aber, dass sie zur rechten Zeit schon kommen würden. Abbildungen auszuschneiden und an Brettchen geklebt aufzustellen, hatte die Köchin geraten und mich damit sehr beleidigt. Denn nach leibhaftigen Gestalten verlangte mich, nicht nach bemalten papierenen, die mich in Verlegenheit brachten, wenn jemand sie von der Seite oder von hinten betrachten wollte. Von nun an wurde ich misstrauisch gegen fremde Hilfe, und wenn mir jemand seinen Rat aufdrängen wollte, zog ich einfach die großen gelben Fenstervorhänge hinter mir zusammen und machte Werk und Werker unsichtbar.

Sobald aber der Geist auf ein Ziel gerichtet ist, kommt ihm vieles entgegen; ferne Gedanken und Sachen entlaufen ihren Gefügen und eilen ihm zu. Plötzlich fielen mir die Pflanzen ein, die namenlos in der Gartenecke standen; ich lief hinab und sah, dass sie noch grünten; hatte ich ihnen doch gleich etwas Winter-Überdauerndes abgewittert. Die Schäfte waren stärker, die Blätter gestreckter, die Kerben zu augenartigen Wülstchen geworden, die Palmenform unverkennbar. Es hielt nicht leicht, sie samt ihren

Wurzelstöcken aus dem gefrorenen Boden zu graben, aber wie heilig fremd machten sie mir dafür meine Landschaft! Am andern Morgen kam jener verunglückte Bauer, um dem Vater die Rechnung zu bezahlen, zeigte den gesundeten Arm, rief mich herbei und stellte ein Leiterwägelchen mit Plachendach auf den Tisch, dazu die schönsten holzgeschnitzten Schäfchen, Pferdchen und andere Tiere. „Es ist für die heilsame Haut“, lachte er und klopfte mir die Schulter; ich aber nahm die ganze mit eigenem Fleisch und Blut erkaufte Pracht und stellte sie guten Gewissens im Krippchen auf.

In einer Legende war vorgekommen, dass bei der Geburt Jesu der böse Feind aus Wut und Schrecken über das nahe Ende seiner Herrschaft sich winselnd und heulend in den hintersten Höllenwinkel verkrochen habe. Dies war bildhaft einleuchtend. Ich besaß einen hölzernen Kasperl; nichts war leichter, als einen Teufel aus ihm zu machen, und dabei kam Freundin Fledermaus, die nun schon so lange nutzlos im Spiritus schwamm, zu hohen Ehren. Stracks wurden ihr die Flügel abgeschnitten, die guttaperchadünnen Flughäute so weit wie möglich ausgespannt und an Satans rotes, aus Zaubermantelsresten zusammengeflicktes Kleid genäht, das übrige Tier aber, das jetzt nur noch eine gemeine Maus war, verbrannt. Unter dem Fensterbrett war zum Auffangen des Regenwassers ein Blechkästlein in die Mauer eingelassen, das man an einem Porzellanknopf herausziehen konnte, wodurch ein unheimlicher dunkler Schacht entstand. Hierher wurde der Erzfeind verwiesen; hier krümmte er sich vom Glanz des Heils zur Finsternis hinweg und grinste mit geröteten Augen und spitzer Scharlachzunge nach oben.

So lebte denn der Böse; die Guten aber und das göttliche Kind, wo war ein Stoff zu diesen? Dass die lieblichen und ernsten Gesichtchen in der Kirche aus Wachs bestanden, wusste ich und ließ mir von der Mutter das reine Bienenwachs, das Geschenk der Nachbarkinder, aushändigen; es schien mir für Jesuskind, Maria, Joseph und die Könige gerade hinzureichen. Eines Tages wagte ich's und versuchte das Antlitz Marias zu formen, das mir unsagbar heilig vorschwebte. Nun aber brachen schreckliche Stunden herein. Zwar war ich nicht ungeschickter, als ein Neunjähriger sein darf, und was unter meinen Fingern wurde, gemahnte wohl ungefähr an menschliches Gesicht; von der Holdseligkeit jedoch, die mich an den Vorbildern entzückt und erbaut hatte, gewannen meine Geschöpfe keinen Hauch. Zuerst bemerkte ich mit Kummer, dass das Wachs nicht lange sein zartes Weiß behielt, sondern mehr und mehr zu bleichem Grau verkam. Was mich aber wie Gegenwirkung einer feindlichen Gewalt entsetzte, das waren die niederträchtig hässlichen Gesichtszüge, mit welchen meine Püppchen mich anschielten, ich mochte mich stellen, wie ich wollte. Je mehr ich eiferte, ihnen ein frommes, anmutiges Wesen zu verleihen, desto mehr entarteten sie mir unter der Hand zu Hexen und Galgenvögeln. Auf einmal warf ich die sämtlichen begonnenen Köpfe zu Boden und hub ein solches Toben und Weinen an, dass erschrocken die Mutter hereinlief. Sie sah, dass mir Blut von der Schläfe herabrann, und fragte, was das bedeute. Nun merkte ich selber erst, dass ich mich in meiner Wut mit den Nägeln aufgekratzt hatte. Ich antwortete nicht, stand auf und überließ mich aufs Neue meinen Tränen. Sie fragte nicht weiter. Die missgeformten Larven, die sie herumliegen sah, gaben der Kundigen Auskunft genug. Sie nahm einige der unseligen kleinen Häupter zur Hand, betrachtete sie lächelnd, legte sie wieder fort und wusch mir das Blut vom Gesicht. Hierauf fragte sie, wie ich mit meinen Schulaufgaben stände. Als sie merkte, dass ich an diese trotz der späten Stunde noch gar nicht gedacht hatte, rief sie mir zu:

„Es ist eine heilige Zeit! Sei fleißig in der Woche, so wirst du am Sonntag Freude haben!“, und verließ das Zimmer.

Wie eine Verheißung hatte das geklungen; ich fühlte jäh die innigste Gewissheit, dass etwas für mich geschehen werde, und wandte mich getröstet meinen Büchern zu, spielte von nun ab auch wieder öfter auf der Straße und begnügte mich, meine Landschaft noch mit manchem auszustatten.

Aber die Woche war lang, und in der Nacht vor Mittwoch sah ich im Traum den Onkel Georg durch meine Schlafkammer gehen. Er hatte den Zaubermantel an, aus dem aber große Stücke herausgeschnitten waren. In der Hand hielt er eine der Porzellanschalen, worin mein Vater Salben zu reiben pflegte, kam damit auf mich zu und sagte: „Bist du da, Figurenmeister?“, nahm sodann zwei, drei Klümpchen eines rötlichweißen Gemenges aus der Schale, gab sie mir und befahl mir, ein schönes Kind daraus zu machen, worauf er sich durch die Türe hinausbegab. Ich drückte und knetete ein Weilchen an dem Zeug herum und hatte plötzlich ein wunderhübsches Männchen in der Hand. Im selben Augenblick erwachend, sah ich, dass im Ofen bereits Feuer brannte, sprang mit einem Satz aus dem Bett, nahm den Rest von Wachs, der auf dem Gesimse lag, und kauerte mich in den Feuerglanz, voll Glauben, dass mir als Wachendem gelingen müsse, was ich eben im Schlaf so vortrefflich gekonnt hatte. Noch spürte ich die formenden Bewegungen des Traumes in den Fingerspitzen, aus dem Ofen drang starke Wärme, die den Stoff erweichen half, und was in wenigen Minuten zustande kam, war gerade kein schönes, aber doch ein deutliches und angenehmes Gesichtchen; ich brauchte nur den Kopf mit etwas brauner Wolle zu umgeben, Augen, Lippen und Nasenlöcher anzuzeichnen und die Wangen mit zwei Tröpfchen roten Weins zu färben, so konnte es für einen jugendlichen Hirten wohl hingehen.

Ich weckte Vater und Mutter und holte am Nachmittag auch Eva herbei, um ihr den ersten selbst erschaffenen Menschen zu zeigen, den ich als den meinen anerkannte. Sie fand ihn nicht übel; nur Kleid und Hut schienen ihr zu missfallen, sie ordnete lange daran herum, nahm dann Faden und Nadel und hatte bald alles mit solchem Geschick zusammengelegt und geheftet, dass ich nicht anders konnte, als es loben. So war mein Vorsatz, alles allein zu tun, lieblich durchbrochen, und künftig sträubte ich mich immer weniger, Hilfe von anderen anzunehmen.

Die Theaterkrippe in Kloster Reutberg

Peter Schraud

„Die sind alle lebendig, deshalb red ich ja mit ihnen“: wie eine Puppenmutter nimmt die lebhafte Krippendame den schalmeispielenden Hirten in den Arm und lobt ihn, dass er es dieses Jahr wieder so gut gemacht habe. Die himmlischen Heerscharen der Verkündigung werden eingesammelt und im Wäschekorb gestapelt. Dann erklettert Trautl Schulz-Dornburg, Restauratorin oder besser Zauberin, auf einer Stehleiter den mit lockerem Kies, Steinen und Moos bedeckten Altartisch, um sich mit Balthasar, dem ersten der drei Könige, in einen ernsten pantomimischen Disput einzulassen.

Dabei kann sie keine Ablenkung brauchen: Vor ihrem inneren Auge entsteht das Bild des in Gold und Blau gekleideten orientalischen Fürsten, der mit seinem Tross aus der Wüste kommt, weither bis in die Hügel des Tölzer Alpenvorlands, dort vom Pferd springt und sich vor dem göttlichen Kind in der Krippe neigt. Und dann die Realität: Das königliche Kniegelenk will nicht recht, das Gleichgewicht der mit einem langen Seidendamastmantel bekleideten Figur ist gefährdet. Wie war die huldigende Armbewegung? Ganz versunken übt es die theatererprobte Restauratorin und Sängerin auf dem Altar: Erst als sie selbst sich der Ausdrucksgebärde sicher ist, biegt sie resolut den beweglichen Königsarm zu der Geste, die nun alles enthält: die weite Reise, die höfische Ehrerbietung, aber auch die menschlich-demütige Neigung eines Königs vor einem Kind.

Aufregend ist der Umbau der Krippenbilder in der Franziskanerinnenkirche von Reutberg bei Tölz. Er dauert auch einen ganzen Tag. Die Könige bringen schließlich den halben Orient mit: nervös tänzelnde Pferde mit Mohrenjungen, kostbare Schabracken und beschlagene Lasttruhen, Fahnen und Standarten, Dromedare, Haushofmeister und Pagen. Aller Blicke auf sich ziehend: der grüngewandete Mohrenkönig mit dem spitzen Turban und dem Ohrgehänge aus Perlen, begleitet von einer hoheitsvollen Gemahlin mit bodenlangem, indischem Schleiergewebe, die ein Mohrenbaby im Steckkissen hält. Da sind natürlich Jung und Alt „ganz weg" vor Entzücken.

Der Rossknecht, der das königliche Reitpferd zu zügeln hat, ist unter seinem Hemd bezeichnet: „Krawat" steht auf seinem Holzbauch, Kroate also im bayerischen Barockdeutsch. Die Krippenzauberin weiß es: Sie hat jede der 105 Figuren genau untersucht, identifiziert und sachgemäß restauriert. War das denn so schwierig? Man sieht doch: eine originale Barock-Krippe, wunderbar erhalten!

Nun, Sherlock Holmes wäre hilflos gewesen vor den entstellten, übermalten und absurd verkleideten Figuren, die noch vor sechzehn Jahren die Reutberger Krippe darstellten – er konnte nämlich nicht nähen. Das machte dafür die Krippenzauberin: sie gab der Marie das höfisch-kurfürstliche Gewand wieder, das sie ursprünglich besaß – sie war ein Mannequin des bayerischen Hofes gewesen. Es galt, zerschnittenen Resten an verschiedenen Figuren nachzuspüren und sie in originaler Nadelarbeit an noch erkennbaren Nahtstellen wieder zusammenzusetzen, nicht unbedingt wie die Kostümkunde es wollte, sondern wie ein unbekannter kunstfertiger Barockschneider es aus der Erinnerung und für das Publikum gestaltet hatte.

Der Teufel wurde seiner albernen roten Jäckchen und Höschen entkleidet, darunter trug er ein schwarzes Kamisol – das war aber nur eine halbe Sache. Als unvollständiges Rockfutter einer anderen Figur diente ein gleicher Stoff. Wieder aneinandergenäht, passte er dem Teufel und wurde zu einem eleganten Kaftan, dem herrschaftlichen Überrock der damals wohl bekannten „türkischen Teufel". Dennoch Skepsis: Ob die strengen Wissenschaftler diesen intuitiv geschneiderten Befund anerkennen würden? Aber die Zauberin fand dann selbst einen sprechenden Beleg:

Auf einer alten Zunfttruhe der Tölzer Isarflößer, die auf ihren Holzfahrten weit in den Balkan hinunterkamen, war er leibhaftig abgebildet, der Teufel im Kaftan. Dann lohnte sich das Weitermachen wieder: Zum Teil waren Beine abgeschnitten, Gelenke zusammengeleimt worden, der Zauber der grazilen Gebärdensprache verloren. „Aus der liebreizenden Maria war unter Verwendung eines Pakets Watte und rosa und himmelblauer Überzüge eine Art von Kaffeewärmer geworden, dick und dumm. Der Josef fristete als Krippen-Gartenzwerg sein Dasein, in lila Samthosen und einer grasgrünen Filz-Zipfelkappe."

In detektivischer Kleinarbeit fügt sich das Gesamtbild im Lauf der Jahre zusammen. Dabei geht es nicht anders, als mit der Figur in der Hand tief in vergangene Zeiten und Lebensumstände hineinzutauchen, sich unter jenen Menschen zu bewegen und auf alle lebenden, legendären und Fantasiegestalten zu achten, die damals „unterwegs" waren. Dann fängt die Figur zu sprechen an, tauscht Signale mit den anderen, offenbart ihre Identität.

Woher die Reutberger Krippe kam, war ursprünglich nicht bekannt. Neue Detektivarbeit: In einem alten Wälzer findet Trautl Schulz-Dornburg den Hinweis, dass in Tölz eine Krippe war, „zu der die ganze Welt kam", sogar Besucher aus Frankreich, Flandern und der Schweiz. Wo? Im Tanzhaus des kurfürstlichen Schlosses, wo die höfischen Feste, aber auch die bürgerlichen Hochzeiten gefeiert wurden.

Nächster Mosaikstein: Die Tölzer Lokalchronik meldet von einem berühmten Schnitzer für Puppentheaterfiguren. Sein Signum P. M. ist auf einigen vollendeten Krippenfiguren zu finden. Nun muss man wissen, dass die Themen der volkstümlichen Weihnachtsspiele auch auf das weit verbreitete Puppentheater übergegangen waren.

Der Hochzeitslader von Kana ist so eine Tölzer Figur, der als Gstanzlsinger seine Verse auf das Brautpaar und die Festgesellschaft ausbringt. Unter dem Arm trägt er ein merkwürdiges Instrument: keine Geige, keine Bratsche, was kann es sein? Im Germanischen Nationalmuseum zu

Nürnberg findet es sich wieder: ein Basso piccolo, als Begleitung zu höfischen Tanzvergnügen gebraucht. Wer baute so etwas ? Ein Tölzer namens Jais, als einziger, gestorben 1714.

Oder der Weinwirt mit der langen gestickten Schürze: eindeutig einer der privilegierten Tölzer Weinwirte. Die Hochzeit von Kana findet an der Isar statt, und sicher hat es diesen Wirt leibhaft gegeben, so empfindet man vor der originellen Gestalt, die man im Nachschmecken fast sagen hört: „Ja wo habt's denn den Wein her? Dös is ja ganz an anderer?"

Die „fliegende Kuchl", ein imposantes Küchenprovisorium, wurde aufgebaut für so eine Hochzeit, die türkische Musik spielte auf, es ging hoch her, und daran ging auch das Tanzhaus zugrunde : Hatte der Kurfürst die Zahl der Gäste auf 98 begrenzt aus Sorge um die Tragfähigkeit des Bodens, zahlten die Tölzer doch gern die Strafe für jede überzählige Person, luden 120, 130 Gäste ein, bis die Schwerkraft siegte, der Boden einbrach und das Vergnügen ein Ende fand.

Was geschah dann mit der Krippe ? Sie wurde zerstreut, ein Teil gestohlen. 1856 übernahmen Franziskanermönche die Betreuung von Reutberg und brachten Krippenfiguren mit: nicht ohne die Verpflichtung, sie zu verändern, also unkenntlich zu machen. In aller Hast wurde mit jeder der wohl bekannten Figuren so verfahren, dass sich kein Verdacht mehr regen konnte, es wäre noch die Krippe im ehemaligen Tanzhaus, zu der alle Welt kam.

Aber heute? Wer lebt noch in jener Zeit, wer sieht mit Barockaugen, wem ist das alles lebendig? Die Tochter der Malerdynastie von Hess, der man übrigens die reine Bach-Stimme nachsagt, macht kein Verdienst daraus: Sie sieht es eben eher als andere. Da ist eine weiß bemalte Frau, schreiend, mit verdrehten Augen, die Arme sind aus einem Stück geschnitzt in der Geste heftigen Wehklagens, ihr Gewand ist Frühbarock, eine Tracht der Vorväter. Langes Sinnen: Wer ist das? Eine der weinenden Frauen Bethlehems? Die sind ja da, sie sehen ganz anders aus. Etwas Fremdes geht von der klagenden Frau aus. Man muss sie nur lang genug betrachten. Bethlehem – Rahels Grab – Rahel weint um ihre Kinder – Rahels Geist steigt vor dem Kindermord von Bethlehem aus dem Grab und wehklagt. Hat man's erst einmal gefunden, ist es auch ein leichtes, in den alten Herodesspielen nachzulesen: Rahels großer Auftritt, eine erschütternde Szene, alle Zuhörer schluchzen, das darf doch nicht fehlen in jenem Krippenbild.

Oder, als Musikant verkleidet, eine alte Frau mit großen Augen, sehr eindrucksvoll. Die Krippenzauberin lässt sie in ihrer Werkstatt stehen, träumt von ihr. Der Traum bringt die Gewissheit: Sie steigt aus dem Bett, umhüllt die Alte mit einem Kopftuch und legt ihr das Christkind in die Arme. Es ist die Prophetin Hannah im Tempel! Heute meinen die Besucher, sie habe schon immer so ausgesehen.

Ob Hexerei im Spiele war, dass die Rekonstruktion überhaupt möglich wurde? Jedenfalls wurde durch Intuition und Handarbeit jene barocke Theaterkrippe wieder lebendig, die heute in ihrer Art einmalig ist. Weder im Bayerischen Nationalmuseum noch unter den vielen Kirchenkrippen des Oberlands findet sich etwas Vergleichbares an Echtheit und Universalität. Die Welthaltigkeit der überaus gespannten Zeit vor dreihundert Jahren, der Prunk der großen von den Jesuiten einstudierten Spiele, an denen Zünfte und Bürger teilnahmen, das umherziehende Puppentheater, die höfische Barockoper, unverstellter bayerischer Mimus, schlichte Volksfrömmigkeit und heidnisch Tiefverwurzeltes – sie alle fanden hier Eingang.

So sind die drei Weisengel, Führung und Geleit der drei Könige, ein praktisch vergessenes Motiv, das wohl in den drei Knaben der „Zauberflöte" noch anklingt. Der Wolf der Legende verhofft vor dem Verkündigungsengel und wendet dann dem göttlichen Friedenskind das Hinterteil zu, ohne in die Schafhürde einzubrechen. Der bayerische Hiesl, nicht nur Wilderer, sondern auch „edler Retter und Helfer der Unterdrückten", darf grüßend die Hand zum Dreispitzrand erheben.

Geht die Zauberei auch zu weit? Die Augen der Maria bewegen sich. Mal blickt sie kokett, mal langweilig, mal mild und gütig. Ob es in dem porzellangleichen Holzkopf spukt? Den Menschen des 20. Jahrhunderts wird es fast unheimlich, doch es führt wieder zurück zum Echten: Damals wurden Kristallaugen so gefertigt, dass sie im Innern einen winzigen Tropfen Flüssigkeit umschließen – dieser macht die Gottesmutter so lebendig.

Auch der Klosterkater schätzt die Echtheit des wiederhergestellten Arrangements. Bei der Hochzeit von Kana lockt duftender Schinken auf den Platten. Mit einem Satz ist er auf dem Altar, ohne eine der Figuren zu berühren, und schnappt sich mit gewandtem Pfotengriff die echte Delikatesse. Ein alter Freund der Krippenzauberin beobachtete die jahrelange Mühe kopfschüttelnd: „Glaubst du, dass sich das lohnt? Die Leute verstehen es doch heute gar nicht mehr, wer hat dafür noch einen Sinn?" Also ein Fall fürs Museum?

Es kam ganz anders. Die Barockwelt erwachte im Fernsehzeitalter zu neuem Leben, und die Besucher träumten sich ausgesprochen gern hinein.

Die Heimsuchung des Pater Conradus

Maria Herbert

Die Franziskanerkirche war das einzige Gotteshaus der guten, altbayerischen Stadt, welches im strengen Winter geheizt war. Damit hatten die Franziskaner allen anderen Kirchen den Rang abgelaufen.

Die Heizung befand sich unter den Fliesen des Fußbodens. Aus einem mächtigen, runden, mit einem vergoldeten Eisengitter umgebenen Trichter, der sich just vor dem Aufgang zum Hochaltar befand, stiegen die warmen Luftwellen, der menschenerhaltende Atem des Feuers. Da wurde das weite Schiff mit wohliger Wärme erfüllt. Um das Gitter der Heizung lagerten winterlang, von früh bis in das Abenddunkel hinein, frierende Bettler, Greise und Greisinnen, Arbeitslose und Obdachlose; vor allem schlecht bekleidete arme Kinder. Sie breiteten die blau gefrorenen Hände über den hitzeausströmenden Trichter, um ihr erstarrtes Blut zu beleben.

Pater Conradus, der Berater des Priors in künstlerischen Dingen, hatte das kommen sehen. Unter seiner Leitung war die Kirche restauriert worden. Frischer Glanz war nun in dem alten, säulenhohen Tempel der heiligen franziskanischen Armut. Die bunten Fresken aus dem Leben des seraphischen Weltenbettlers von Assissi strahlten in neuem Farbenzauber. Die Bilder auf den Altären waren frisch gefasst, wobei das Gold nicht gespart wurde. Ebenso die große, ernste, ergreifende Kreuzigungsgruppe an einer der mächtigen Säulen des Mittelschiffes: Hoch und erhaben baute sich die Darstellung des Heilandstodes auf, alles überschauend, alles segnend.

Pater Conradus fürchtete von der Heizung für die Neuheit der Kirche. Er war ganz entschieden gegen die Anlage gewesen. „Man muss Gott zulieb ein wenig Kälte ertragen können“, hatte er missbilligend gesagt. „Was wusste wohl der heilige Franziskus von solcher Verwöhnung?“

Aber der Pater Prior hatte der Bemerkung des Paters Conradus keine besondere Beachtung geschenkt, sondern nur so beiläufig bemerkt, dass der heilige Vater Franz im Sonnenlande Italien gelebt habe. Der Pater Prior war den modernen Errungenschaften zugetan. Die Kirche hatte unter seiner Leitung elektrisches Licht, elektrische Schellen und eine tadellos funktionierende Ventilation erhalten, und nun gar Luftheizung.

„Eine Kirche ist keine Wärmstube!", knurrte Pater Conradus und blickte vorwurfsvoll auf die zerlumpten Gestalten vor dem Hochaltar, die so schlecht hereinpassten.

Er war fast immer an der Westseite der Kirche beschäftigt und konnte von dort das Aus- und Eingehen des wärmesuchenden Volkes beobachten. Er arbeitete an den großen Figurendarstellungen, welche dort unter Glas und Riegel die ganze Breite des Raumes unter der Orgelempore einnahmen und einen Hauptanziehungspunkt für die fromme Schaulust des Volkes bildeten. Pater Conradus war ein Theologe und zugleich ein Künstler. Das Kloster besaß eine herrliche Figurensammlung aus dem Anfang des achtzehnten Jahrhunderts, aus der Zeit der übertriebenen und doch so ausdrucksvollen Geste, der verzückten Heiligen und mystisch verklärten Nonnen, der schwebenden Engel, der flatternden Gewänder und der leuchtendsten Farbe.

Es war das höfische Jahrhundert des Barock und Rokoko. Aus dieser frohen, glanzliebenden, zierlichen Zeit stammten diese Unmengen von herrlich geschnitzten, brokat- und spitzenbekleideten mittelgroßen Gestalten, die nach den Erzählungen der Evangelien gearbeitet waren und als teuerster Schatz des Klosters in einem großen Saale verwahrt wurden. Es war da eine Krippe voll Holdseligkeit, mit allem Zubehör, von den Hirten auf dem Felde bis zum Öchslein und Eselein, von dem heiligen Paare bis zu den Mohren und Trabanten, welche hinter den Elefanten und Dromedaren der Heiligen Drei Könige gingen.

Es war da eine Hochzeit von Kana mit großer Prachtentfaltung; es waren da die klugen und die törichten Jungfrauen mit ihren Lampen; auch eine Auferweckung von Jairus Töchterlein und eine des Lazarus.

In der Sammlung fand sich auch eine Ölberggruppe von ergreifender Majestät, eine Geißelung, eine Dornenkrönung, ja die ganze Passion unseres Herrn bis zur glorreichen Auferstehung, bis zum Gang nach Emmaus und der Himmelfahrt.

Das alles wurde im Laufe des Kirchenjahres zur Aufstellung gebracht: eine plastische Bilderbibel. Pater Conradus war Regisseur und Verwalter dieses heiligen Theaters und stets bestrebt, zu vervollkommnen, Schadhaftes zu ersetzen, Neues zu erwerben, die Szenerien angemessener und prächtiger zu gestalten. Er wurde dabei ein Architekt, ein Landschaftsgärtner und setzte daran seine ganze Kraft.

Die Darstellungen verschafften dem Kloster einen Ruf in der christlichen Kunstwelt. Pater Conradus bereiste im Auftrage seiner Oberen ganz Italien, er blieb lange in Neapel, der Heimat der Krippen, sah sich die Sammlungen in Paris und München an. Sein Schaffen wurde von Kennern beachtet. Von weit her kamen Kulturhistoriker und Hagiografen, diese heiligen Merkwürdigkeiten zu studieren und sie in Artikeln für Kunstzeitschriften zu schildern.

Pater Conradus war über dem vielen Schönen und Herrlichen, das er auf Reisen und im Verkehr mit diesen Herren kennenlernte, ein Schönheitsdurstiger und ein Schönheitsbedürftiger geworden. Ihm gefielen nur noch die vollendeten Dinge in der Kunst, und da er alles mit Feuereifer betrieb, hatte der Pater Prior seine liebe Not mit ihm. Pater Conradus wollte sogar die meisten alten Statuen und Bilder aus der Kirche werfen. Höchstens der heilige Johannes von Till Riemenschneider auf einem Nebenaltar, die lieblichen Tafeln von Michael Wolgemuth und die Epitaphien von Herring fanden noch Gnade vor seinen Augen.

Der Prior aber war ein ruhiger Herr, der Feuer zu Kohle werden ließ. Er lächelte über den Eifer des Paters und ließ das meiste unverändert, wenn es nur des Gegenstandes würdig schien. Es war aber schwer, Pater Conradus davon zu überzeugen, dass auch die Denkmäler ehrwürdiger Volkskunst, wie der stille, in sich versunkene Geiselmann mit dem roten Spottmantel und das kleine, uralte Wachsjesulein unter dem Glassturz ihre althergebrachten Rechte hätten. Kunst wollte er sehen, unzweifelhafte Kunst. Aber es schien, als wurde sein Herz dadurch unduldsam, sein Sinn hochfahrend, seine Rede absprechend, sein Blick wegwerfend und kalt.

Weihnachten stand vor der Türe, allmorgendlich sang man: Tauet Himmel, den Gerechten! Da begann Pater Conradus mit dem Bauen der neu hergerichteten großen Krippe. Er hatte sein Inventar in den ersten Münchener Geschäften vervollkommnet, erste Maler hatten die Gesichter der heiligen Personen gemalt. Eine wundervolle Landschaft mit antiken Tempeln, mit Wäldern, Felsen und Flüssen umgab die Stadt Bethlehem. Zum ersten Male sollten die neuen Beleuchtungen angewandt werden.

Pater Conradus ging ganz in seinem Werke auf, aber er tat alles mehr aus Kunstliebe als aus Heilandsliebe. Jenen Geist, der den Bruder der Sonne und der Lerchen, den heiligen Franz beseelte, als er im Walde von Grecio in der Weihnachtsnacht ein armes Kripplein baute und das Jesulein herzte und wiegte, war nicht in dem klug und kalt gewordenen Sohn einer neuen nüchternen Zeit. Ja, es mochte sein, dass der Wurm der Vergänglichkeit an seiner Seele fraß und ihn verleitete, die Form über den lebendigen Inhalt zu setzen.

Um jene Weihnachtszeit geschah es, dass die Fürstin Maria Eleonora sich im Kloster ansagen ließ. Sie wollte die berühmte Figurensammlung, besonders die Krippe des Pater Conradus, besichtigen, weil man sie ihr gerühmt hatte. Nun gehörte der Pater zu den nicht seltenen Menschen, auf die ein großer Name einen mächtigen Eindruck macht. Er geriet über die Absicht der fürstlichen Frau in eine fröhliche Aufregung und schaffte Tag und Nacht an seiner Krippe, damit alles recht schön, glanzvoll und vollkommen war, wenn die Augen der vornehmen Dame darauf ruhen würden.

Es war an dem Nachmittage, kurz vor der Ankunft des fürstlichen Gastes. Ein schneidend kalter Dezembertag hatte die Welt in seine eisige Umarmung genommen. Der Wind fuhr mit Gezisch und mit wolfsartigem Geheul durch die Torbogen, die Lauben und Ecken der alten Stadt; er suchte die Armen in ihren ungeheizten Zimmern auf, als verlange er von ihnen die letzte Lebenswärme. In der Franziskanerkirche war es wohlig warm, als sei es Sommer. Das Licht kam golden durch die bunten Glasfenster und auf allen Altären blühten in üppiger Form weiße Chrysanthemen; die Steine waren blitzblank gefegt, kein Stäubchen hing auf Bänken und Altären. Festlicher Glanz kam von Leuchtern und stillen Ampeln.

Pater Conradus hatte diesen feierlichen Schmuck angeordnet und bewacht. Er schritt noch einmal die Kirche ab, ob auch alles zum Empfang des durchlauchtigen Gastes stilvoll vorbereitet sei. Um das Gitter der Heizung vor dem Hochaltare hockte wie gewöhnlich ein Häuflein armer Leute in grauer, verschossener, unansehnlicher Gewandung. Da war die lahme G'schwandtner-Lies, ein uraltes Weiberl. Sie zog den fadenscheinigen, viele Generationen alten, türkischen Schal eng um die dünnen Schultern. Da eine arme Frau in einem böhmischen Kopftuch, die einen Säugling in einem schmutzigen Bettkissen mit sich trug und einen zerlumpten Knaben an der Hand hielt. Da lauerten auch der abgehauste Einödsepp, der blöde Bauer und was dergleichen Verwahrloste mehr waren. Ihre farblosen, abgerissenen Fetzen passten nicht da herein, wo alles gleißte und glaste. Sie verunstalteten das schöne Gotteshaus. Wenigstens empfand Pater Conradus ihren Anblick als eine widerwärtige Störung.

Ihn packten Zorn und Ungeduld. Im Dialekt seiner Jugend, in der Sprache des Volkes fuhr er die Leute an:

„Macht's augenblicklich, dass ihr weiterkimmt! Kirchen is koa Wärmstuben! Kirchen is fei für fromme Beter baut, nöt für solchene Loder! Seid's ausverschamt, da an dem goldenen Gitter zu hocken!"

Die Leute fuhren erschreckt zusammen.

Herrisch, hochfahrend und zornig stand der Mönch und wies mit der ausgestreckten Hand nach dem Ausgang der Kirche: Die Armen flohen eilig humpelnd durch den hallenden Gang der Türe zu.

Nur ein alter, hagerer Mann, den der Pater vorher nicht bemerkte, floh nicht, sondern stand Rede. Er blickte dem Zornigen fest in die Augen mit hellem und durchdringendem Blick. Trotz seiner elenden Kleidung hatte der Greis etwas, das ihn aus der Menge hob.

„Hätt's nöt denkt, dass du ein Sohn des heiligen Franz bist!", sagte er ganz laut und deutlich zu Pater Conradus. „Hätt's wirklich nöt denkt. Der heilige Franz, wenn dich sehen tät – stieß dich aus der Kirchen, nöt uns!"

Damit wandte er sich zum Gehen.

„Unverschämt!", brauste es in Pater Conradus auf. Aber er würgte das Wort hinunter. Es fiel ihm ein, dass man vor dem Tabernakel nicht in Zorn ausbrechen soll. Flüchtig schlug er an die Brust.

Er war auch schon wieder ganz höflich, gewandt und freundlich, als die Fürstin mit ihrem Kavalier und den Hofdamen erschien. Geschmeidig und vollendet liebenswürdig, machte Pater Conradus den Cicerone für die erlauchte Gesellschaft. Er zeigte die ganze Prälatenfeinheit der alten Schule bei dieser Gelegenheit. Die Fürstin war entzückt von ihm und seinem Werk.

„Sie sind ein Gelehrter, ein Künstler und ein Hofmann, Hochwürden", meinte sie. „Wirklich eine ganz seltene, exquisite Mischung!"

Die feine Schmeichelei tat ihm wohl. Seine Talente, seine Persönlichkeit so anerkannt zu sehen aus so maßgebendem Munde – das war doch etwas! Es war, als ob das Lob ihn höbe und trage, er schwamm darauf wie auf einer wohligen, warmen Flut. Pater Conradus war an dem Reste dieses Nachmittags besonders glücklich und zufrieden.

Aber – als der kalte nüchterne Abend kam und die Erregung seiner Nerven zurückebbte, verlor das fürstliche Lob nach und nach seine Tragfähigkeit. Ein anderes Gefühl gewann in dem Klostermann die Oberhand, so eine Art profanen Katzenjammers, wie der die Weltleute nach einem Gelage überkommt. Trauer, Ermüdung, Unzufriedenheit schlichen in seine Seele und umwoben sie mit grauem Spinngeweb ...

Aber war denn nicht die Krippendarstellung eine vollkommene Kunstleistung, für die das fürstliche Lob nur eine schwache, ungenügende Belohnung war? Er hätte doch innerlich befriedigt sein dürfen! Oder nicht? Etwas in ihm war nicht im Lot. Sein Herz schlug unruhig wie das eines Menschen, der etwas falsch gemacht hat, grundfalsch.

Als Pater Conradus nun in seiner nackten franziskanischen Zelle auf dem harten Lager eines Büßers ruhte, wollte der Schlaf ihn nicht trösten. Durch die vollkommene Geräuschlosigkeit des Klosterfriedens vernahm das innere Ohr des Mönches eine empörte Stimme, die sprach: „Hätt's nöt denkt, dass du ein Sohn des heiligen Franz bist. Hab mir einen Franziskaner ganz anders vorgestellt!"

Wahrheit ist in der Stimme gewesen, göttliche Wahrheit, die von den Toten erweckt. Je tiefer die Nacht wird, je mehr der Pater zu sich selber kommt, umso unerbittlicher klingt die Stimme, sie erholt sich, bis sie laut und unerträglich wird wie Posaunenschall des Gerichts. Da sieht Pater Conradus, nein, da muss er immer wieder die arme Mutter mit den elenden Kindern sehen, die er aus dem Heiligtum gejagt hat, damit die Augen der Frau Fürstin sich nicht daran stießen. Und er weiß plötzlich, dass der heilige Franz ihm das als Missetat angerechnet hätte, als Todsünde – er, der arm mit den Armen war und sein Herz zur Heimat machte für alle Kreatur.

In jener Adventsnacht kommt die Heimsuchung Gottes über Pater Conradus. Er wird mit strenger Stimme gefragt: Wer bist du? Gib die Parole! Ist es die Liebe Gottes, die franziskanische Liebe, in der du stehst? Oder bist du hinweg gewandert, weit hinweg von den Wegen, welche du einst in der Begeisterung deiner Jugend dir erwählt hast?

Da steht seine blinkende, hohle Eitelkeit wider Pater Conradus auf und klagt ihn an. Mea culpa!, muss er sagen. Ein tönendes Erz, eine klingende Schelle ist er gewesen, denn er hatte die Liebe nicht. Kann Kunst ohne Liebe sein? Nie und nimmer! Die Seele aller wahren Lebenskunst ist Liebe, Liebe allein!

So war dem Pater Conradus eine Stunde innerlicher Verdemütigung und Erkenntnis gegeben – eine Stunde, aus der er als ein gerechterer, mildtätigerer und stillerer Mann hervorging, einer, der die Frierenden nicht mehr scheuchte und den Hungernden sein eigenes Brot brach.

Der Dori geht zum Herrn

Wilhelm Dieß

Am 4. April 1828 brachte die Mitterdirn eines großen Einödhofes am Unterlauf der Rott ein Knäblein zur Welt, unter einsamen Schmerzen und zum Missvergnügen seines Erzeugers. Es erhielt in der Taufe den Namen Isidor, des Kalenderheiligen vom 4. April; denn damals war es Sitte, dass unehelich geborene Kindlein den Namen tragen mussten, der an ihrem Geburtstag im Kalender stand. Nun, mit Isidor konnte man zufrieden sein, dergleichen gab es häufig, und die Abkürzung Dori stand ein für alle Mal fest.

Der Dori durfte auf dem Hof aufwachsen, wo seine Mutter als fleißige Arbeiterin wohlgelitten war. Als er sechs Jahre alt war, wurde er in die Schule geschickt und von da ab auch zu Verrichtungen auf dem Hof verwendet, zu kleinen und bescheidenen zunächst, aber mit der Zeit wuchs das an. Mit zwölf Jahren verließ er die Schule, und da waren seine Kenntnisse in bäuerlicher Arbeit erheblich umfangreicher als sein gelehrtes Wissen. Am besten verstand er sich auf Pferde. Das verhalf ihm dazu, dass er, zwanzig Jahre alt, nach dem vorzeitigen Tod seiner Mutter, von einem Bauern, der einen ausgedehnten Pferdehandel betrieb, als Rossknecht in Dienst genommen wurde, was eine Beförderung bedeutete. Hier hatte er ausschließlich mit Rössern zu tun, die kamen und gingen, er konnte sich nicht erst an sie gewöhnen, er musste sie auf den ersten Blick richtig einschätzen, wenn er mit ihnen auskommen wollte. Dieser Aufgabe war er gewachsen wie kaum ein anderer, und so hatte er den Platz gefunden, auf den er passte. Er fühlte sich wohl, sein Herr behandelte ihn gut, soweit das bei einem Händler mit Pferden möglich ist, und die Verwundungen verschiedener Art, die bei seiner Arbeit unvermeidlich waren, überwand er immer rasch, weil er eine kernfeste Gesundheit besaß.

Einmal, im Frühjahr 1860, erschien unvermutet die Gelegenheit vor ihm, in ein kleines Anwesen einzuheiraten. Er benötigte einige Zeit, um sich an den verlockenden Gedanken zu gewöhnen, und schon war ihm ein anderer zuvorgekommen. Übrigens, Frauenzimmer stellten für ihn keine Versuchung dar. Die schwere Kinderarbeit hatte seinen Körper früh verhärtet, und die Phantasie seines Herzens erschöpfte sich bei den Pferden. Da er die Mädchen, mit denen er zusammentraf, überdies ohne Verliebtheit betrachtete und ohne Verlangen nach Versorgung, sah er verständlicherweise mehr Mängel als Vorzüge an ihnen.

Als er sechzig Jahre alt geworden war, starb sein Herr und hinterließ so viel Schulden, dass der Sohn den Pferdehandel aufgab und sich auf die Landwirtschaft beschränkte. Dori konnte aber in seinem Stübchen bleiben und bekam leichte Arbeit zugewiesen, denn seine Beine waren schwerfällig geworden, sein Rücken wollte sich nicht mehr gerade strecken und seine Arme hatten keine rechte Kraft mehr, er war mit einem Wort zusammengerackert. Dessen war er sich selbst wohl bewusst und fand es auch ganz in Ordnung. Denn er war ein gar einfältiger Mann von langsamem Verstande – immer die Pferde ausgenommen –, von geduldigem Wesen, stillem Herzen und jener selbstverständlichen Sicherheit, die das völlige Aufgehen in die Gewohnheiten, in Brauch und Sitte der Umgebung verleiht.

Wie es auch sei: auf sein Leben konnte er mit Zufriedenheit zurückblicken, bei redlicher Arbeit hatte er sein Auskommen gehabt, Streit hatte er vermieden, niemandem war er etwas schuldig geblieben, wissentlich hatte er keinem ein Unrecht zugefügt, und bei allen, die ihn kannten, stand er in Geltung. So konnte er auch den Anspruch erheben, eines Tages in Ehren zu Grabe getragen zu werden; die äußeren Bedingungen dazu hatte er seit langem vorbereitet. Für die Leichenkosten und den Leichentrunk war ein ausreichender Betrag zusammengespart, das Totenhemd aus schwerem Bauernleinen war zurechtgelegt, und zwei Kerzenleuchter lagen in einem Kleiderkasten mit zwei großen Wachskerzen, die zu seinen Häuptern brennen sollten, wenn die Nachbarn abends an der Bahre beten würden.

Indessen eilte es ihm mit dem Sterben noch nicht. Denn zutiefst in seinem Herzen brannte ein Wunsch, in Kindertagen hineingetragen, dessen Erfüllung er noch erleben wollte – aber dazu musste er das siebzigste Lebensjahr erreicht haben. Und damit verhielt es sich so:

In der Pfarrkirche seines Dorfes hielten in der Christmette sieben Hirten vor der Krippe Wacht. Die Krippe stand auf einem Zimmermannschragen im Mittelgang der anmutigen Barockkirche. Auf weißem Linnen lag das Christkind, eine große Puppe mit goldenen Flitterbändern gefatscht, unirdisch lieblich das rosige Köpfchen. Die Hirten, im engen Halbkreis davor, zum Hochaltar gewendet, waren nach alter Pilgerart gekleidet: ein langer Lodenmantel mit einem weiten, über die Schultern herabfallenden Kragen, ein Filzhut mit breiter, vorne aufgebogener, hinten herabgeschlagener Krempe, ein hoher, den Körper überragender Stab, das stellte ihre Ausrüstung dar; einfach gewiss, aber genügend fremdartig, um im Dunkel der mitternächtlichen Kirche frommen Schauer zu erwecken. Sie standen schon an ihrem Platz, wenn die Leute zur Mette kamen, und verharrten unbeweglich während des Gottesdienstes, nicht anders als das göttliche Kind in der Krippe lag; das flackernde Licht der Kerzen ließ seltsame Schatten über ihre Gewänder huschen. Sie blieben an ihrem Platze, bis die Kirche sich wieder geleert hatte. Dann begaben sie sich in den Pfarrhof und erlabten sich, Gäste des Pfarrers, an Suppe und Mettenwürsten – und was waren das dazumal für köstliche Würste!

Die Hirten mussten nach altem Brauch über siebzig Jahre und unbescholten sein. In aller Regel wählte der Pfarrer einfache Menschen, Handwerksgesellen etwa und Knechte, dazu aus, und es fehlte damals nie an solchen. Sie rechneten sich diesen Dienst als Ehre an, er verlieh ihren alten Tagen eine zwar bescheidene, aber doch allgemein beachtete Würde; die Kinder pflegten ihnen auf der Straße die

Hand zu geben wie dem Lehrer und dem geistlichen Herrn. Sie wurden im Dorf übrigens nicht Hirten, sondern Hüter genannt und behielten, einmal berufen, das Amt bis zu ihrem Lebensende.

Nichts Geringeres lag nun dem alten Dori im Sinn, als zum Hüter ernannt zu werden. Als Kind hatte er in der Christmette den Blick nie von den dunklen Gestalten an der Krippe zu wenden vermocht, die, so glaubte er, das Christkind aus himmlischen Fernen auf die Erde und in die Kirche begleitet hatten. Die Wirklichkeit vermochte sein Leben lang nicht die Schauer dieses Eindruckes auszulöschen.

Als er älter wurde, sah er sich selbst einmal in Gedanken als Hüter an der Krippe stehen, betroffen sogleich von der Verwegenheit dieser Vorstellung. Aber er konnte sich nicht mehr von ihr befreien und sie wuchs mit den Jahren zum brennenden Wunsch aus, als scheues Geheimnis gehütet.

Die Jahre gingen dahin, immer rascher wechselten die Jahreszeiten, und ehe er sich's versah, hatte er den Siebziger erreicht. Eine behutsame Erkundigung beim Pfarrer gab ihm Hoffnung auf Einreihung unter die Hirten. Aber vorerst war ihre Zahl voll, und es zeigte keiner von ihnen, lauter verwitterten, zähen, knorrigen alten Burschen, die geringste Neigung, auszuscheiden.

Das Warten fiel dem Dori jetzt auf einmal schwer. Er wünschte ganz gewiss keinem Vormann den Tod, aber schließlich war es doch nicht unbillig, bei einem Menschen hoch in den Siebzig damit zu rechen, dass er sterben würde, und er selbst fühlte sich durchaus nicht mehr sicher auf den Beinen. Der Gedanke, dass er unmittelbar vor dem Ziel abgerufen werden könnte, machte ihm das Herz bitterschwer. Aber, siehe da, er hatte Glück, Anfang Oktober des Jahres 1899 warf den jüngsten Hüter, den vierundsiebzigjährigen Chrysant Moser, ehemaligen Schmiedgesellen, ein Schlaganfall nieder, am 2. Dezember schied er aus dem Leben. An seiner Stelle wurde der Dori als Hirte bestimmt, in Gegenwart des Pfarrers probierte er sogleich die frei gewordene Gewandung an, die ihm vortrefflich passte, sodass nichts weiter zu richten war.

Von dieser Stunde an ging der gute Dori wie im Traum umher, sein altes Kinderherz zitterte vor Glück, sein armes Stübchen konnte den Glanz kaum fassen, mit dem er seine voll erblühte Freude Tag und Nacht erfüllte. Alle Leute im Dorf schienen ihm verwandelt, wie er selbst es war. An der Grube, wo die Kinder unermüdlich mit kleinen Schlitten in die Tiefe rutschten, stand er stundenlang, mit seligen Augen, gesprächig wie nie im Leben. Zur Mittagszeit fand er sich in der Kirche ein, sicher, niemand anzutreffen, stellte sich auf den Platz, den der verblichene Chrysant vor der Krippe innegehabt hatte. Er sah die Krippe vor sich, hörte, wie die Kirchenleute durch die Türe in das Dunkel hereinstapften und die Betbänke füllten, sah die Kerzen aufflackern, die großen auf dem Hochaltar und die kleinen der Wachsstöcke auf den Pulten der Bänke, vernahm das Brausen des feierlichen Gottesdienstes, sog den Duft ein des schwelenden Weihrauches und stand unbeweglich vor dem Christkind, sein demütiger Begleiter auf der Reise aus himmlischen Fernen zur winterlichen Erde. Jeden Mittag genoss er dieses Glück.

Am 13. Dezember erkrankte er an Gesichtsrose, am 24. wurde er begraben, im Hirtengewand, wie er es vom Pfarrer in seiner letzten Stunde erbeten hatte.

Die Christmette

Johannes Linke

Ganz oben am Waldrande erschien das erste Licht. Es entschwebte dem Tor der Schellhornhütte, blieb einen Augenblick unbewegt stehen wie ein Stern und schwankte dann langsam hangab. Wie es ein Weilchen auf dem Wege war, tauchte ein neues Licht drüben bei der Waldwärterhütte aus der Dunkelheit, und dann erglomm eines ganz unten, wo der Bach die Schwelle füllt, einen Atemzug später schimmerte eins an der letzten Spitze der Rodung gegen das Moosegger Tal zu, aus dem Zöllnerhause flog ein Licht, heller als die andern, und dann sandte jede der übrigen Hütten ihr Lichtlein aus, sodass auf dem weiten, verschneiten Hange der Rodung eine Sternenwanderschaft anging wie in einer milden Sonnwendnacht, wenn die Johanniswürmchen aus dem Walde schweben.

Mitunter erlosch eines einen Augenblick, wenn es durch eine Hohlgasse zwischen zwei Steinmauern, hinter einer Schneewehe oder an einem Eisbuckel vorbeigetragen ward, dann aber schimmerte es umso heller auf und breitete wie die andern einen rötlichen Schein auf den Schnee. Langsam kamen sie aufeinander zu, denn es war ein beschwerliches Gehen in dieser Nacht bei dem frischen, tiefen Schnee und den kaum getretenen Steigen, aber sie fanden sich allmählich immer näher, und der Umkreis, den sie durchwanderten, ward immer enger und enger, dann blieb eines stehen, ein zweites, ein drittes gesellte sich ihm, und schließlich standen sie alle bis auf wenige Nachzügler beisammen auf dem aufgemauerten Vorplatz der Kapelle, aus deren kleinen, spitzgebogten Fenstern nun auch der rötlich warme Kerzenschein drang.

Die Bärnhüttener begrüßten einander, die Kinder wisperten zusammen und erzählten sich, zum allerletzten Male, was sie sich beim Christkindel bestellt hätten, die Weiber begannen ein halblautes Gespräch und kuschelten sich fröstelnd in ihre mantelgroßen, wollenen Tücher, und die Männer füllten sich ihre Tabakspfeifen noch einmal frisch auf, auch auf die Gefahr hin, dass sie sie halb ausgeraucht leer klopfen und ablöschen müssten.

Es war für die Bärnhüttener immer etwas ganz Besonderes, wenn sie vor ihrem eigenen Gotteshäuslein beisammenstehen konnten, denn es geschah ja nur selten, dass sie den Gottesdienst daheim im Dorfe feierten. Sie waren nach Moosegg eingepfarrt, und bis dahin hatten sie bei gutem Wege immerhin eine runde Stunde zu laufen. Das waren sie gewohnt, bei rechtschaffenem Wetter gingen sie diesen Weg auch gern an jedem Sonn- und Feiertag, aber umso dankbarer waren sie, dass alljährlich in der Heiligen Nacht der alte ausgediente Pfarrer Brugger zur Christmette zu ihnen auf den Berg heraufkam. Das tat der nur aus freien Stücken, seit ein junger Geistlicher sein Amt in Moosegg versah.

Die Weiber, die sich die Füße warm traten, rechneten gerade aus, wie alt der hochwürdige Herr nun schon sei, und sie kamen dabei in die achtziger Jahre hinein. Der Schullehrer, der die Noten auf dem Harmonium zurechtgestellt hatte, trat aus dem Kirchlein heraus und fragte, indem er auf seine Uhr schaute, ob denn der Pfarrer noch immer nicht zu sehen sei, und der Kirscheneder-Franz, der hier die seltenen Mesnerdienste versah, fing, nachdem er noch etliche Buchenkloben in den Eisenofen geworfen hatte, mit aller Macht an, das winzige Glöcklein zu läuten, denn die Glockenrufe, die traumfern und feierlich aus den Tälern zu ihnen heraufgetönt hatten, waren schon seit einer Weile verstummt. Als die Frauen die Wärme spürten, die durch die halb geöffnete Tür zu ihnen herausstrich, und als sie das Knistern und Knacken der Scheiter im Ofen hörten, klopften sie sich den Schnee von den Füßen und gingen in die Kapelle, um sich ein wenig aufzuwärmen und noch vor Mettenbeginn ein stilles Gebet zu tun. Auch von den älteren Männern trat einer nach dem andern, wenn er seine Pfeife ausgeraucht hatte, in das Kirchlein ein, wo die Schulkinder schon lange in den beiden vordersten Reihen saßen und die weihnachtlichen Lieder vor sich hinsummten, die sie seit Wochen für die Mitternachtsstunde geübt hatten. Nur die Burschen und die jungen Männer, denen ein langes Stillsitzen schwerfiel und denen die Kälte nichts ausmachte, blieben draußen stehen und warteten. Allmählich wurden sie unruhig und fragten sich, was das lange Ausbleiben des geistlichen Herrn wohl zu bedeuten habe. Immer öfter und immer schärfer spähten sie den Talweg hinab, ob denn nicht das Laternenlicht des uralten Pfarrers aus dem Walde hervorschimmere, aber da unten blieb alles dunkel. Da kam auch der alte Geiger, dessen Vorfahren vor fünfhundert Jahren hier oben den ersten Fleck Land urbar gemacht hatten, wieder aus der Kapelle und sagte, sie dürften jetzt keinen Augenblick mehr zögern, sondern müssten alsbald auf die Suche gehen, ob etwa dem gebrechlichen Pfarrer auf dem Wege etwas zugestoßen sei; wenn er gar nicht von daheim fortgegangen wäre, dann hätte er ihnen gewiss Bescheid getan. Die Burschen nickten und machten sich sogleich auf den Weg; sie waren froh, dass ihnen jetzt einer den Auftrag gestellt hatte, nach dem sie schon seit einer Weile verlangten, ohne es recht zu wissen. Der Geiger ging mit ihnen, und während die Kinder, Weiber und Alten ratlos als verlassene Schar in der Kapelle sitzen blieben, zog der Laternenschwarm talabwärts. Von den andern hatte schon mancher erwogen, ob es nicht das Beste sei, wieder heimzugehen, aber jetzt, wie sie sich zuflüsterten, dass die jungen Leute nach dem alten Pfarrer suchten, dachte keiner mehr daran. Nun wollten sie abwarten, was die Sucher für Nachricht brächten, und wenn es auch stundenlang dauern sollte. Es war ein Schauer in ihnen, halb schreckhaft, halb wohlig, der sie hier zusammenhielt. Ab und zu schlich einer in die eisige Winternacht hinaus, um den Männern mit ihren Laternen nachzulugen.

Sie brauchten aber gar nicht lange zu warten. Wie der Mesner wieder gespannt hinabschaute und sich ein Schnüpfel Tabak aufklopfte, sah er, dass die Lichtlein seiner Nachbarn aus dem Walde herausschwebten und langsam auf dem Wege näherkamen. Er teilte es den Wartenden mit, und während etliche Männer an seiner statt hinaustraten und dem Zuge der Lichter entgegenspähten, begann der Kirscheneder wieder die Glocke zu ziehen, dass ihr eintöniges Geläut weit über das verstreute Dorf zu den Bergen und Wäldern und Tälern hinüberhämmerte. In den Pfarrkirchen drunter im Land, wo die Mette eben zu Ende gegangen war, flügelte als Antwort das volle, klangreiche Glockengeläut herauf, und als die Laternenmänner auf Rufweite an die Kapelle herangekommen waren, setzte unten der verhaltene Lärm des Christkindelschießens ein. Unter dem fernen Getöse und dem einfältigen Glockengeklopfe zogen die Burschen mit ihren Laternen am nahen Hüterhause vorbei, und der Hirschen-Georg rief ihnen entgegen: „Habt ihr den Herrn Pfarrer dabei?"

„Ja", rief der alte Geiger zurück, „wir bringen ihn mit!" Da setzten sich die Späher eilig wieder auf ihren Platz, die Weiber nahmen die Kerzen aus den Laternen heraus, zündeten sie wieder an und pichten sie mit tropfendem Wachs vor sich auf ihre Bank, der Schullehrer begann auf dem Harmonium ein Vorspiel, während noch immer das Glöcklein über ihnen anschlug, und als die Kapellentür geöffnet ward, standen die Schulkinder mit einem Ruck auf und stimmten das uralte Lied an:

Nun sei uns willkomen, Herre Christ,
Der du unser aller Herre bist!
Sei uns willkommen, lieber Herre!
Da wir sind hier bedroht so sehre.
Kyrieleis!

Da kam ihr alter Gastpfarrer zu ihnen herein zur Christmette, aber er schritt nicht zwischen ihnen hindurch vor zum Altar, sondern er lag auf einem Geflecht von Tannenästen und ward von denen, die ihm entgegengegangen waren, durch die schmale Gasse zwischen den Bänken hin auf die Stufe getragen und dort auf den immergrünen, noch halb vereisten Zweigen niedergelegt. Die Männer und Weiber, die in den Bänken gekniet hatten, waren aufgefahren und starrten atemlos nach den Trägern und ihrer Bürde. Die Kiefl-

Veronika, die in der Hoffnung war, kreischte laut auf, auch von den Schulkindern begannen etliche zu schreien und zu weinen, und von den alten Leuten mussten manche ihr Augenwasser gewaltsam zurückdämmen. Die Männer, die ihn gebracht hatten, stellten ihre Stalllaternen um den Toten, der unter dem bäurisch-schlichten Altarbilde lag, und knieten ihm zur Seite nieder wie die Hirten im Stalle zu Bethlehem. Der Lehrer aber, der seinen Dorfnachbarn über ihre Ratlosigkeit und Verwirrung hinweghelfen wollte, spielte wieder, ganz leise, auf dem Harmonium und winkte dann den Kindern, die mit schwerer, aber heller Stimme sangen:

Ach, dass es Gott walt,
Wie ist es so kalt!
Möcht einer erfrieren,
Sein Leben verlieren,
So kalt geht der Wind,
Leid ist mir ums Kind!

Die Bärnhüttener, die sich zu dieser erregenden Christmette versammelt hatten, waren stiller geworden, und nun, als der Kindergesang aufhörte, trat der alte Geiger, der seit einem Menschenalter bei jeder Leich vorbetete, an das Tannenlager des toten Pfarrers heran, von dem das Eis abzuschmelzen anfing, und erzählte seinen Nachbarn in feierlich singendem Tonfall die Geschichte der Christgeburt, wie sie sich vor vielen hundert Jahren im Stall und auf dem Felde zugetragen hatte. „Da sind die Hirten gegangen und haben unsern lieben Herrgott gesucht. Und heut ist unser alter Pfarrer auch wie die Hirten gegangen und hat zum Christkindel gewollt. Das hat er auch gefunden, im Wald draußen, grad um Mitternacht, in einer Schneegewahten, und da hat es ihn gleich mitgenommen in sein Himmelreich. Und wir haben auch zum Heiland gemögt, und wir haben auch suchen müssen, und dann haben wir unsern alten Pfarrer gefunden, den das Christkindel schon geholt hat. Ich glaube halt, wir brauchen ihn nicht zu beklagen, weil er jetzt schon im Himmel droben vor dem Krippel dient.

Unser Himmelsvater schenk uns allen ein solch seliges Sterben."

Die Mettenleute hatten den Atem angehalten, wie ihr Ortsführer, statt die Totenlitanei vorzubeten, über den alten Pfarrer solch eine seltsame Predigt hielt, aber dann seufzten sie auf und nickten und hatten einen fast fröhlichen Glanz in den Augen, denn der Geiger-Joseph hatte wahr geredet. Zu den Totengebeten war morgen noch Zeit, und heute war Christnacht. Und während sie die Kerzen wieder in die Laternen steckten und sich zum Heimweg richteten, sangen die Schulkinder mit ihren hellen und glänzenden Stimmen statt eines Leichengesanges ein letztes Weihnachtslied:

Groß, groß, groß,
Die Liebe ist übergroß.
Gott hat den Himmelsthron verlassen
Und will reisen unsre Straßen.
End, End, End
An unserm letzten End,
Dieweil wir alle sterben müssen,
Tu uns's Himmelreich aufschließen.

Langsam, wie sie zueinander gefunden hatten, schwebten die Laternenlichter unter dem steten Geläut ihres winzigen Glöckleins wieder über die Steige der Rodung voneinander fort. Die Wolkenhülle, die seit dem großen Schneefall des letzten Vormittages noch bis um Mitternacht das Gebirg überdeckt hatte, war verschwunden, und nun brannten über den wenigen kleinen heimwandernden Erdensternen die hellen Himmelsgestirne in all ihrer Fülle und Klarheit über der stillen, Heiligen Nacht.

Die Menschwerdung Christi

Annette Thoma

Wie bist Du worden klein,
o lieber Jesu mein!
Dass Deiner Liebe Größe
bedecke meine Blöße,
schließt in den engen Schrein
sich Deine Gottheit ein.

Durch Dich werd ich teilhaft
der Gotteskinderschaft.
Halt mich in Deiner Gnaden,
dass mir kein Feind mag schaden,
Du bist ja worden klein
für mich, o Jesu mein!

Die Geburt im Walde

Friedrich Schnack

Als das Kind des Waldarbeiters Hofschaffer zur Welt kam, war es ein Knabe. Mann und Frau waren glücklich über die Geburt ihres Erstlings. Sie nannten den Kleinen Juppi, zur Erinnerung an einen Waldfinken, den die Mutter in ihrer Mädchenzeit drüben im Böhmischen gehegt hatte. Der Name klang fröhlich, das Neugeborene sollte auch ein fröhliches Kind werden.

Heute Morgen in der fünften Stunde, als es noch tiefdunkel und still ringsum war, hatte sich die kleine Menschenseele unter dem ärmsten Dach weit und breit, in der engen Schlafstube aus dem Himmel der Ungeborenen niedergelassen und blinkende Augen aufgetan. Erblüht war der neue Trieb am Baum des Lebens, und nun war man zu dritt: Vater, Mutter, Kind.

An einem auserwählten Tag war das Kind gekommen, doch bei Frost und hohem Schnee, der die Wälder des Bayernwaldes begrub und die Berge bedeckte; an einem von Liebe strahlenden, geheim klingenden Tag hatte sich die neue Seele eingefunden: am Weihnachtstag, in der geheiligten Zeit, am Tag des schönsten Abends im Jahr. Wie sieht das Kind aus?

Der Vater beugt sich über das Bett seiner Frau Stasi, die matt in den weißen Kissen liegt. Ihr Gesicht leuchtet von Glück, die Stirn glänzt, wachsbleich zeichnet sie sich vom Ansatz des böhmischen Weizenhaares ab.

„Ja, es war nicht leicht, Stasi!“, meint er.

Es war nicht leicht gewesen. Aber Juppi war auf der Welt. Wie lange hatten sie beide auf ihn gewartet! Der Mann, ein wenig linkisch in seiner Zärtlichkeit, drückt seiner Frau einen Kuss auf die Stirn. Er ist darin ungeübt, er arbeitet Tag um Tag im Wald. Früh geht er fort, abends kommt er heim. Nur in sehr schweren Wintern, wenn die Schneisen verweht und die Wege verloren sind, gibt es im

Hochwald nichts zu roden, nichts zu fällen und zu hacken, dann bleibt der Hofschaffer daheim und schneidet Skihölzer, büttnert Wasserschaffe und Kornmetzen. So bringt er sich durch. Wie sieht es aus, das Kind?

Ein paar Glücksworte drängen sich dem Vater über das Herz, doch sind sie lautlos, die Lippen bleiben geschlossen. Die Spitzen seines dunkelblonden Zwirbelschnurrbartes hängen zu beiden Seiten des Kinns, in seinen Augen lacht blaue Freude. Die magern Knochenwangen glühn.

‚Das kleine Würmchen', denkt der Hofschaffer. ‚Endlich ist er da. Fünf Jahre hat es gebraucht, um herzukommen.' Er hatte schon im Stillen seine kinderlose Ehe beklagt. Wie groß ist nun sein Glück! Er betrachtet das Kind. Wie ein Eichkätzchen ist das Kind, so fein. Ein solches Bübchen gibt's nicht ein zweites Mal im Wald. Da liegt's, eingekuschelt in sein Steckkissen; wie ein junger Baumkauz schläft es, wie ein ganz winziger Kuckuck, dem noch keine Federn angeflogen sind. ‚Kuckuck!', lockt der Vater insgeheim.

Er schläft, atmet, der Juppi. Was für ein Gesicht er hat: verdrießlich und befriedigt wie einer, der eine lange Reise zurückgelegt und sein Ziel erreicht hat. Er wird froh sein, dass er da ist.

‚Schlaf dich aus, hier kannst du lang und gut schlafen!', denkt der Vater. ‚Im Bett bei der Mutter ist's warm, die Stube ist geheizt!' Bläulich schimmern die Adern unter der Milchhaut des Gesichts. Die Unschuldsfäustchen liegen in den Falten der Zudecke. Hofschaffers grober Finger berührt behutsam die Kindeshand: weich wie Moos ist die Hand, wie das Fell einer Rehkitze. Die Anemonen haben eine so zarte weiße Blütenhaut. Es gibt nichts Rührenderes auf der ganzen Welt als die Hand seines Kindes. Gott sei Dank, dass es geboren ist!

Schritte in der Wohnstube. Hofschaffer richtet sich auf, seine Frau war eingeschlafen; vor dem Tisch stand die Spielzeug-Gret, eine Frau in den Dreißigern.

„Eine Unmenge Schnee hat es heut Nacht geworfen", sagte sie missbilligend. „Man könnte meinen, unser Hergott möcht vor dem Kleinen die böse Welt verstecken.

Droben in Finsterau steigen die Bauern durchs Bodenfenster. Der Schnee reicht bis zum Dach."

„Der Doktor hat'n schweren Heimweg gehabt", bedauerte Hofschaffer.

„Schläft die Stasi?"

„Sie schläft."

„Das Kind?"

Zufriedenheit verklärt die scharfen Waldarbeiterzüge. Hofschaffer nickt. „Hast dich ausgeruht, Spielzeug-Gret?", erkundigt er sich nach dem Befinden seiner Helferin.

Sie hatte sich ausgeruht. Das bisschen Nachtwache. Dem Doktor war sie zur Hand gegangen, als das Kind kam; sie hatte getan, was nicht Männersache war. Nun hatte sie Esswaren eingeholt: ein Stückchen Butter, ein paar Eier, eine Taube für die Wöchnerin.

Eigentlich wäre zur Stunde ihr Platz in Passau auf dem Weihnachtsmarkt gewesen, in der Spielzeugbude, von der sie ihren Volksnamen hatte. Dort waren, wie alljährlich, bemalte Holzpferde, geschirrt und mit Glöckchen behängt, zu verkaufen. Puppen mit Schlafaugen und blondem Kräuselhaar, Automobile mit Federantrieb, Kreisel, Spieldosen, Hanswurste, die mit den Beinen schlotterten, Zelluloid-Fischchen und Holzschiffe mit Fahnen, Bälle, Reifen, Sparbüchsen. Feine Kleiderstoffe und bedruckte Schürzen hielt sie da feil. Lebkuchenherzen für die Bauernmädchen, Sprüche darauf und lustige Geständnisse, Christbaumschmuck, Engelshaar, Kerzen ... All dies hätte sie heute in Passau verkaufen müssen. Aber wie? Sie konnte doch nicht die Stasi in ihrer schweren Stunde mitten im ärgsten Winter allein lassen mit dem guten, aber ungeschickten Mann und dem alten Doktor. So hatte sie ihrer in Passau lebenden Schwester geschrieben, sie möchte für sie einspringen und die Pferde verkaufen, die feinen Puppen, die Blechautomobile, die Lastwagen und die Herzen mit den Sprüchen. Hoffentlich war der Markt gut besucht! Einen besorgten Blick warf sie durchs Fenster auf den hohen Schnee und die Silbertannen. Dann machte sie sich am Herd zu schaffen; es ging auf zwölf.

Am Nachmittag schnallte der Mann die Skibretter fest und glitt in den Winter. Am Wald schwang er sich hin in die Einöde, durchschnitt das Spurengeläufe der Rehe und Hirsche, die auf der Suche nach Futter von Wald zu Wald gezogen waren, und rutschte in ein verschneites Dickicht. Hier wusste er ein Fichtenbäumchen; das hatte er sich schon im Sommer ausgesucht. Unter einer Schneewoge hielt es den Winterschlaf. Seine Hand durchgrub den Schnee und erweckte den jungen Fichtling. Von den Zweigen stäubte der Winterflor, grün wurde das kniehohe Bäumchen und zeigte sich zierlich geästet, so wie es den Sommer lang schön im Wald geleuchtet hatte. Hofschaffer beugte sich in den Schnee und nahm es heim mit sich.

Als er in das Zimmer trat, glänzte ihm der weiche Blick seiner Frau entgegen. Er hielt die Fichte in die Luft: das Weihnachtsbäumchen. Ein Wald- und Harzgeruch begann milde zu duften. In den vergangenen Wintern hatten sie nur einen schlichten Fichtwedel zum Zeichen des Festes über der Tür befestigt. Drei rote Äpfel hingen dran, drei rote Kerzen standen auf dem Zweig. Heute war das anders. Ein Kind lebte im Haus, und zu ihm gehörte ein richtiges Weihnachtsbäumchen.

Die Spielzeug-Gret versah es mit Schmuck. Eishaar aus der Passauer Bude legte sie auf die Zweige, goldene und silberne Strähnen. Bunte Glaskugelketten hängte sie von Zweig zu Zweig. Wie ein Bäumchen aus einem gläsernen Wald sah da die Fichte aus. Hofschaffer bestaunte das Wunderwerk. Rote Äpfel waren an die Äste gebunden: eine Fichte mit Himbeeräpfeln. Kerzen darauf, rote, weiße, blaue, gelbe Kerzen. Auf der grünen Spitze, wo die braungelben Knospen saßen, schwebte ein goldener Bote. Vogelgleich hatte er sich niedergelassen. Sein Mund war zum Singen geöffnet. Er sang in seine holde Weihnachtswelt hinein.

Der Mann und die Frau sahen auf das Bäumchen. Sie fühlten sich mit einem Mal kinderjung, kaum angeschnaubt vom Lebenssturm, Kinder waren sie wieder: sie ein kleines, fünfjähriges Mädchen im Böhmerwald, wo die

Eltern eine kärgliche Landwirtschaft betrieben, er ein Junge im Bayernwald droben, hinter den Wäldern, wo sein Vater in der Glashütte Gläser blies. „Fertig!“, rief die Spielzeug-Gret und legte noch ein paar Fichtensprossen kreuzweise auf das weiße Tischtuch unter dem Baum. Die Erwachsenen schüttelten den Traum ab und dachten vergnügt an ihr Kind.

„Wunderschön, Spielzeug-Gret!“, lobte Hofschaffer. Vor den Fenstern ragten die Waldbäume in den Winterhimmel. Die Sonne verging in kalter Röte. Schneeblau flimmerte der Wald, Schneelasten trugen die dunkeln Bäume, Hüte und Mäntel von Schnee. Dann wurde es dunkel. Aber das Bäumchen leuchtete. Alle Kerzen brannten. Hell war es in der Stube und still. Es war, als leuchte die Stille. Stärker veratmete das Bäumchen seinen Waldodem. Es lebte im Licht.

Auch die Gesichter der Menschen lebten im Licht. Durch die Kammertür fiel der Schein in die Wöchnerinnenstube und überflimmerte die braun lackierte Bettlade. Die Mutter hielt ihr Kind. Andächtig lehnte Hofschaffer unter der Tür und schaute bald auf das Bäumchen, bald auf das Bübchen. Die Spielzeug-Gret stand daneben. Im Ofen brauste das Feuer, die tannenen Scheite knatterten und opferten ihren Harzschatz hinter der Ofentür. Wärme hüllte die vier Menschen ein, die Erwachsenen und das Kind. Sie waren geborgen. Diamantenklar funkelten die Sterne über den Baumspitzen durch die Fensterscheiben.

„Ehre sei Gott in der Höhe ...“, begann die Spielwarenfrau aufzusagen. „Und Friede den Menschen auf Erden ...“, antwortete die harte Stimme des Mannes.

Die Kerzen flackerten, manchmal sirrte und sott eine angeröstete Fichtennadel.

Nachts ging der Mann zur Weihnachtsfeier ins nächste Dorf. Auf seinen Skibrettern, die Laterne vor der Brust, zog er sternschnuppenhaft flink an den Fenstern vorbei. Einen Augenblick sahen ihn die Frauen dahinsausen. Die Spielzeug-Gret hatte den Lehnstuhl an das Bett gerückt: Anfangs schwätzten sie ein wenig miteinander in dem dunkeln Zimmer, dann fielen der Gret die Augen zu. Das Bäumchen stand ungewiss dort, angestäubt und beglitzert vom Mondstrahl.

Stasi lag wach und lauschte dem Atem der Freundin und dem Hauch des Kindes. Auch das Feuer atmete im Ofen. Aber die Nacht über der Erde atmete nicht; der Wind war eingeschlafen. Das Mondlicht goss unwirklichen Glanz über die Schneehänge, ein bläuliches Feuer wie von Gestirnen. Es war der Schein hohen Lichtes: Weihnachtsschimmer, der die Herzen durchdringt. Schon lange mochten die Bäume vernommen haben, was jetzt erst an das Ohr der Wöchnerin drang: fernes Glockenläuten. Hinter den Bergen erhoben sich die metallischen Stimmen, die unter den Sternen wohnten. Der Frost hatte den Mund der Glocken nicht verschließen können; mitten in der Nacht, in der Heilsnacht, waren sie wach und sprachen. Was klingen und sagen sie? Die Mutter lauscht: Sie grüßen das Kind …

Kleine und große Glocken aus den Dörfern in der Runde führen ihr feierliches Christnachtsgespräch, und der ganze tiefe, unheimliche Hochwald, wo die Steine frieren und die Hirsche bis ins Mark erschauern, hört ihnen zu, samt den Bergen, den Tälern und den verstreut wohnenden Menschen darin.

Die Mutter lauscht: Die Glocken grüßen das Kind … Ihre Augen verschleiern sich; die Sterne blitzen ihr auf einmal nicht mehr so klar. Doch die Glocken läuten. Fernher summt der Klang. Sie erkennt sie alle; die weite Landschaft des Waldes tönt aus den Glockenstimmen. Neue Rufer melden sich, sie mögen nicht fehlen im Weihnachtschor. Nun sind alle versammelt, alle schwingen in ihren Glockenstühlen.

Der Schall von vielen Seiten weckte die Spielzeug-Gret.

„Es läutet …“, sagte sie, schlaftrunken auffahrend.

„Zur Christmette …“, setzte Stasi leis hinzu.

„Mitternacht …“ Und sie lauschten zu zweit. In der Wohnstube duftete das Bäumchen wie Rosenholz.

Das war Juppis, des Waldkindes, erster Weihnachtsabend, der erste Tag seines Lebens.

Die verlorene Bosheit

Adolf Sommerauer

„Nimm eines von den Kindern an der Hand, Moser. Der Weg ist glatt.“ So sagt die Bäuerin, und das ist ihr letzter Versuch. „Kann dir den Willen nicht tun“, brummt der Häusler. „Wenn ich inzwischen einen Ster Holz hacken soll, meinetwegen. In die Kirche bringst mich nicht.“

Der Moser hat siebzig Jahre auf dem Rücken, davon ist er krumm geworden. Die Augen freilich in dem vertrockneten Gesicht sind noch blank genug, um den Zorn zu spiegeln. Er tritt auch noch mit den Füßen genau da hin, wo er will.

„In der Kirche wird die Bescherung ja nur gehalten, weil im Wirtshaus kein Platz ist“, sagt die Bäuerin. „Hättest ruhig hingehen können und dabei denken, dass du im Wirtshaus bist.“ – „Ich geh nicht in das Wirtshaus und ich geh' nicht in die Kirche. Ich will nichts von ihm und ich brauche nichts von ihm.“

Es bleibt im Ungewissen, wer der „Er“ ist. Es könnte der Pfarrer gemeint sein, der die Sammlung für die Bescherung der Armen im Dorf gemacht hat. Alles, was laufen kann, wird dabei sein. Sie werden ihre Gaben aufgebaut sehen wie ein Denkmal. Der Pfarrer wird sagen, das alles sei um Gottes willen geschehen.

„Ich will nichts von ihm und ich brauche nichts von ihm“, wiederholt der Moser. Er und die Bäuerin, um die sich inzwischen die Familie versammelt hat, wissen ganz genau, wer gemeint ist. Sie haben, wenn auch in kargen Sätzen, lange genug darum gestritten. Der Moser wirft seinen Zorn über den Pfarrer hinaus, dass er Gott treffen soll.

Die Bäuerin macht die Tür weit auf, dass die Weihnachtsluft herein kann. Über die verschneiten Hügel sinken in der Dämmerungszeit purpurne Schatten, die von einem Brand jenseits der Welt stammen. Aus der Talmulde blitzen die Lichter und laden alle Fernen ein, dass sie kommen sollen. Wird der Moser sich nicht besinnen? Er muss doch nur die Kinder anschauen, wie ihre vermummten Gesichter nach dem Erlebnis fiebern!

Der Moser schaut die Kinder nicht an. Er schlurft vor das Haus und wirft krachend die Fensterläden zu. Sogar die eisernen Riegel legt er vor, dass das Haus ganz dicht wird. Einen Augenblick horcht er den verklingenden Schritten nach, dann dreht er den Schlüssel zweimal ins Schloss und hockt sich in seine Stube vor die Petroleumlampe. Weil er allein ist, fängt er laut zu reden an. Die Katze in der Ecke stört ihn nicht und wenn er laut spricht, geht das Denken leichter. Jetzt vor einem Jahr hast du mir die Frau genommen. Sie war wohl in den Jahren, wo es Zeit wird. Aber mich hast du ja auch dagelassen. Vor zwei Jahren hast du nichts dagegen getan, dass die Tochter mit dem fremden Kerl davongezogen ist. Vor vier Jahren an Weihnachten hast du mir Botschaft geschickt, dass der Bub nicht mehr kommt. Immer hast du dir die Zeit ausgesucht, wo man dir die schönsten Lieder singt. Ich singe nicht. Ich brauche nichts von dir und ich will nichts von dir. Der Häusler, der auf diesem Hof Aufnahme und Versorgung gefunden hat, ist über die abgelegte Rechnung zufrieden. Er hat das Seine gesagt. Es kann ihm niemand dagegen reden. Er schraubt die Lampe kleiner. Dann sieht er sie besser, die im Kreise stehen, die Frau, den Sohn, ja, und auch die Tochter. Er betrachtet sie nacheinander in aller Ruhe. In seinem Alter hat die Zeit schon etwas von der Gelassenheit der Ewigkeit. Er geizt nicht damit. Keine einzige Minute will er von Gott erbitten, er will nichts mehr von ihm.

Hart pocht es an der Tür. Der Alte erschrickt nun doch. Sind die Geister heute so mächtig? Geklopft haben sie noch nie, sie sind bloß immer still um ihn herumgestanden. Der Moser hält sich ruhig. Er muss warten, was da geschehen will. Das ist die Erfahrung eines langen Lebens und das Beste in einem solchen Fall. Er ist schon nicht mehr ängstlich. Es wird sich ja offenbaren, das Besondere, Unerwartete.

Es klopft wieder. Dazu stöhnt jemand, erbarmungswürdig, in bitteren Schmerzen.

„Aufmachen! Macht um Gottes willen auf!“

Es sind keine Geister, sondern Menschen. Das ist schlimmer. Der Moser geht hinaus und dreht den Schlüssel um, der nichts geholfen hat.

Der Mann und die Frau, die vornübergebeugt an ihm hängt, sind dem Häusler bekannt. Die Gewalt des Krieges hat die beiden von irgendwoher in die Einöde hinten im Wald getrieben.

„Die Frau hat die Wehen“, sagt der Mann. „Lass uns ins Haus, sie kann nicht mehr.“ – „Und da kommt ihr zu mir?“, krächzt der Alte wütend. „Früher ist man dazu daheimgeblieben!“ – „Red nicht lange“, brüllt der Mann verzweifelt und beinahe schluchzend. „Im Dorf wartet der Wagen, aber wir kommen nicht mehr hinunter. Lauf, ich bitt, hol' die Singerin, dass sie hilft.“

Der Häusler will sich von dem Spuk nicht überrumpeln lassen und verlegt sich aufs Verhandeln. „Und ihr wollt hier …? Drunten im Dorf …“ – „Nichts wollen wir! Siehst doch, dass wir müssen.“

Die Frau stöhnt, dass es zum Schluss ein Schrei wird. Der Moser lässt das Haus offen. Sie können es als Erlaubnis nehmen oder nicht. Mögen sie sehen, wo sie bleiben mit ihrer Not. Dass einem alten Mann, der seine Ruhe haben will, so etwas geschehen muss! Er läuft und rutscht den Weg ins Dorf hinunter, nicht einmal den Hut hat er auf dem Kopf. Er braucht sonst immer einen Hut, wenn er außerhalb des Hauses ist, selbst im Sommer. Mehr als einmal fällt er in den Schnee. Der Weg ist schmal und steil und taugt nicht für verrückte Leute. Die Nacht bleibt stumm und antwortet nicht auf seine Wut. Nur der Himmel funkelt ihn aus tausend bösen Augen an. Keuchend stolpert er bei der Singerin über die Stufe zum Vorgarten und reißt an der Glocke, dass sie bellt wie ein bissiger Hund. Lange dauert es, dem alten Mann zu lange. Er zerrt nochmals am Griff.

Eine keifende Stimme schimpft aus dem Dunkel über den Lümmel. Das ist die Mutter der Singerin; die versteht sich aufs Schimpfen.

„Die Fremde von der Einöde ist bei uns auf dem Hof und kriegt ein Kind", schreit er hinauf. „Die Singerin soll's schnell machen." „Hol sie selbst, sie ist in der Kirche!" Das Fenster wird zugeschlagen und klirrt.

„Ich geh nicht hin, ich will nichts von ihm", brüllt er überschnappend. Aber das Haus ist wieder eingeschlafen und lässt sich nicht stören.

„Ich will nichts von ihm, ich will nichts von ihm!" Der Alte denkt wieder laut, während er die Dorfstraße hinunter zur Kirche rennt. Wenn ihn jemand so sähe, nach Luft schnappend und schwitzend! Der Schnee am Kragen schmilzt und das Wasser rinnt ihm über den Leib.

Da steht er nun vor der Kirche und es war dumm, dass er es so eilig hatte, denn er geht ja nicht hinein. Es kann lange dauern, bis sie mit der Bescherung fertig sind. Ein ganzer Berg von Gaben ist es, hat die Bäuerin gesagt. Der Alte stapft hin und her, weil er friert, verschwitzt und ohne Hut. Der Schnee unter seinen Füßen knirscht – – – und stöhnt.

„Kann dir nicht helfen, Frau", flüstert der Moser. „Musst warten. Er könnte meinen, ich will etwas von ihm."

Aber das große Erbarmen übersieht seinen Trotz. Gerade wie er auf seiner Wanderung vor dem Turm ankommt, quietscht das Tor in den Angeln und einer von den Glockenbuben streckt den Kopf heraus. Es ist ihm wohl zu langweilig geworden im Düstern. Der Moser bedroht ihn mit allen möglichen Strafen, wenn er nicht gleich die Singerin herausholt.

Bis er zweimal den Weg vom vorderen zum hinteren Tor gemacht hat, steht die Singerin schon da. Nachdem sie seine Botschaft empfangen hat, geht sie mit langen Schritten dahin, um ihre Sachen zu holen.

Der Moser trottet hinterher und lacht sich eins. Er ist nicht in falschen Verdacht gekommen. Wenn er plötzlich dabei gewesen wäre, hätte die Bäuerin geschaut, wie sie manchmal schaut. Sie hätte den Kindern gezeigt: Dort steht er. Jetzt gibt es nichts zu zeigen und zu schauen. Die Sterne leuchten friedlich über dem Wanderer, der Schnee stöhnt nicht mehr. Der Alte versucht, sich in irgendeinen

Zorn hineinzudenken, aber es will nichts werden. Nur dass er den Hut vergessen hat, ärgert ihn.

Wie er auf dem Hof ankommt, ist dort allerlei in Gang. Man hört es und spürt es auch. Er will sich in die Küche schleichen, weil ihm seine Stube verschlossen ist. Aber die Singerin hat ihn gehört.

„Mach Wasser heiß!“, befiehlt sie durch einen Spalt in der Tür. Der Moser gehorcht. Manchmal hilft er in der Küche. Er ist gut mit der Bäuerin und bei einem alten Mann kommt es nicht mehr so sehr auf die Würde an.

Die Singerin treibt es doch zu arg. „Ich brauche ein Leintuch“, ruft sie auf den Gang hinaus, als ob er immer dort stehen müsste. „Im Kasten, in der unteren Schublade“, gibt er Bescheid. Dort liegt das bisschen Aussteuer, das die Tochter hätte bekommen sollen, wenn sie nicht vor zwei Jahren mit dem Kerl davongezogen wäre. Es hat freilich nur für ein Bett gereicht. Aber eine Aussteuer war es doch, ehrlich erworben. Und auf einem ehrlichen Grund wächst etwas.

„Bring Holz!“, forderte die Singerin. Sie kümmert sich nicht darum, dass ein alter Mann sich auch einmal etwas überlegen muss. Der Moser nimmt es von seinem eigenen. Denn er weiß nicht, was die Bäuerin sagen wird, wenn er ihr Holz weggibt. Er schiebt die Scheite durch den Spalt, der ihm geöffnet wird. Einen Arm voll muss er wieder zurücktragen, er hat es zu gut gemeint.

Endlich lässt man ihn in Ruhe. Die Singerin scheint den wichtigsten Teil ihrer Arbeit geleistet zu haben, denn nun kommt sie, um das Wasser zu holen und mit wichtigem Gesicht dies und jenes zu treiben. Es trifft sich so, dass sie selbst der heimkehrenden Bäuerin ins Ohr flüstern kann, dass man die Kinder schnell ins Bett schicken soll. Die Bäuerin braucht nur eine einzige Frage, um mit der Überraschung fertig zu werden und alles so zu ordnen, wie es sein muss. Die Kinder sollen ihren Kuchen oben in der Schlafstube essen, auch die Milch bringt sie hinauf. Der Erste, der neugierig ist, bekommt einen Schlag auf den Mund, das reicht für alle.

Schließlich ist die Bäuerin so weit fertig, dass sie sich vor den Alten stellen kann, der in der Küche neben dem Herd hockt und Späne schnitzt. Er wartet auf ein zorniges Gericht, als wäre er an der Unordnung schuld. Vielleicht hätte er die Fremden weiterschicken sollen? Er hat ja nur die Tür offen gelassen und dann sind sie eben hineingegangen, in seine Stube. –

„Hättest es leichter haben können", sagt sie, „wenn du mit uns gegangen wärst." – „Ich war nicht in der Kirche", trotzt er schadenfroh. Die Frau stemmt die Arme in die Seiten. „Deshalb ist er zu dir gekommen, alter Dummkopf." – „Bin ihm nicht begegnet. Ich hätte ihn schon gesehen, wenn er um den Weg gewesen wäre." Die Bäuerin predigt in feierlichen Worten, wie es sich gehört: „Unser Herr, der morgen Geburtstag hat, ist in jedem Armen. Was ihr getan habt einem unter diesen meinen geringsten Brüdern, das habt ihr mir getan. Ich kann dir's zeigen in der Schrift." – „Ich will nichts von ihm." – „Aber er will etwas von dir!"

Er werde ihm gewiss nichts geben, sagt der Moser. Die Bäuerin fragt dagegen, wie es mit dem Leintuch sei, ob er etwa nicht bestimmt habe, dass er im Sarg darauf liegen wolle? Ob er es dem Kind wieder wegnehmen werde?

Das kommt nun davon, wenn man so eng beisammen lebt, dass einer vom anderen alles weiß. Sie hat wohl auch schon gemerkt, dass er gar nicht so unglücklich ist und dass er nicht auf jeden Fall recht behalten will. Er schnitzt seine Späne. Sie reichen längst für alle Feiertage. Die Bäuerin, die nur die große Gabel zum Heuaufladen nimmt, scheppert ein wenig mit ihren Töpfen und sagt nichts mehr. So zart ist sie. Sie bedeutet ihm, dass er sich zu den Buben in die Kammer legen soll für diese Nacht.

„Ich wäre ihm nicht nachgelaufen, wenn er nicht wieder angefangen hätte", ruft ihr der Moser nach. „Vergiss nicht zu beten heute." Das ist ihr letztes Wort.

Der Häusler räumt die Späne an ihren Ort. Wie er nach seiner Gewohnheit noch vor das Haus tritt, um das Wetter zu riechen, hört er in seiner Stube die fremde Frau zu dem quäkenden Kind reden. Weiß der Himmel, wie das zugeht:

Vor einem Jahr ist die Frau gestorben, vor zwei Jahren die Tochter davongegangen und vor vier Jahren ist der Brief über den Buben gekommen. Und jetzt riecht der Moser die Weihnachtsluft.

An der Endstation

Herbert Rosendorfer

„Wo fahren S' denn um die Zeit noch hin?"

Der Straßenbahnfahrer lenkte seinen hell erleuchteten Wagenzug durch leere, finstere Straßen. Er drehte sich nicht um, setzte sich aber über das Verbot, dass zwischen Wagenführer und Passagieren kein Gespräch stattzufinden habe, hinweg, weil nur der Mann mit dem schwarzen Bart und die dicke Frau im Wagen saßen.

„Endstation", sagte der Mann.

„So, so", sagte der Fahrer, „Sie sind nicht von da? Wahrscheinlich?"

„Nein", sagte der Mann, „wir Türk. Verstehen?"

„Ah ja –", sagte der Fahrer, „verstehe. Du Türk. Aha. Ja, dann. Dann feiern Sie ja nicht Weihnachten. Denk ich mir. Oder?"

„Weihnachten?", fragte der Türke. „Nein, nix Weihnachten."

„Drum fahren S' am Heiligabend mit der Straßenbahn. *Ich* –", sagte der Fahrer, „*ich* nix Türk. Verstehen? *Ich* von hier. Ich tät schon Weihnachten feiern, aber ich hab Dienst. Scheiße."

„Scheiße. Verstehe", sagte der Türke.

An der Endstation stiegen die Türken aus, erst der Mann, dann die Frau. Die Frau war nicht dick, sondern schwanger. Die Frau konnte kaum aussteigen, der Türke half ihr aber nicht, denn er zündete sich sofort eine Zigarette an und war damit beschäftigt, sein Feuerzeug zu suchen. Auch der Fahrer stieg aus und zündete sich eine Zigarette an.

Der Türke trat zu dem Fahrer hin, zog einen Zettel aus der Tasche, auf dem eine Adresse geschrieben stand. „Du wissen, bitte", sagte der Türke, „wo das sind?"

Der Fahrer nahm den Zettel, trat in das Licht, das aus der Fahrerkabine fiel, las den Zettel und sagte: „Hm. Leider.

Ich fahr normalerweise nicht auf dieser Linie. Ich kenn mich in dieser Gegend nicht aus. Leider." Er gab den Zettel zurück. Der Türke und seine Frau gingen die Straße, eine breite Allee, hinunter. „Gottverlassene Gegend", sagte der Fahrer.

Es regnete. Von den Ästen ohne Laub tropfte es. Die Bäume boten keinen Schutz. Die Straße spiegelte schwarz. Die Türkin saß auf der Bank eines Buswartehäuschens – der letzte Bus war aber längst abgefahren – und wimmerte. Der Türke schimpfte. Die Frau wimmerte lauter. Der Türke hörte auf zu schimpfen, zündete sich wieder eine Zigarette an und ging ein paar Schritte auf und ab. Weiter drüben lag eine Reihe Einfamilienhäuser. Aus den Fenstern leuchteten bunte Lichter. Ein Funkstreifenwagen rollte langsam heran. Bevor der Wagen noch ganz angehalten hatte, kurbelte der Beamte, der rechts saß, das Fenster herunter.

„Wer seid's denn nachher ihr?", fragte der Polizist.

„Ich Türk", sagte der Türke.

„So. Auweh", sagte der Polizist. „Hast einen Ausweis? Ha?! Da – ? Ausweis – ? haben?" Der Polizist blieb in seinem Wagen sitzen. Der Türke knöpfte seinen groben, kurzen Überzieher auf, langte dann darunter in seine Jackentasche und zog den Ausweis heraus. Der Beamte warf einen gelangweilten Blick darauf.

„Na ja", sagte er mehr zu sich als zum Türken, „ist schon gut. Kann man eh nicht lesen. Und schauen alle gleich aus. Wird schon der richtige Ausweis sein."

„Ha? Bitte!", sagte der Türke.

„Nix, nix", sagte der Polizist, dann warf er einen Blick auf die Frau. „Wird bald so weit sein bei deiner Frau!"

„Ha? Bitte!"

„Bei deiner Frau –", schrie der Polizist – merkwürdigerweise neigen alle, nicht nur Polizisten, dazu, mit Leuten, die nicht die eigene Sprache verstehen, zu schreien – „– bald Kind – Baby – ja?"

„Ja", sagte der Türke dumpf, „Kind nix von mir."

„Ist das nicht deine Frau?“

„Schon Frau“, der Türke nickte heftig, „nur Kind, was kommen, nix. Frau meine Frau, Kind nix mein Kind.“ Auch der Türke schrie.

„Brauchst nicht so schreien“, sagte der Polizist. „Na ja – kommt in den besten Familien vor.“ Der Polizist kurbelte das Fenster wieder hoch. Vorher sagte er zum Türken: „Frohes Fest, nachher.“

Der Türke wedelte plötzlich mit einem Zettel und lief ein paar Schritte hinter dem schon anfahrenden Wagen her. Der Wagen hielt nochmals, der Polizist kurbelte das Fenster wieder herunter.

„Wo das sind?“, schrie der Türke.

Der Polizist las den Zettel und erklärte dann dem Türken mit Hilfe des Stadtplanes, wo das Haus war, dessen Adresse auf dem Zettel geschrieben stand.

Der Fahrer gab Gas. Der Wagen rollte durch die Nacht. „Kommt in den besten Familien vor“, sagte der rechts sitzende Polizist.

„Was?“, fragte der Fahrer.

„Dass das Kind nicht vom Ehemann ist.“ „Mhm“, sagte der Fahrer.

Etwas abseits der Straße stand das Wohnhaus, ein lang gestreckter Bau, weiter vorn, vom Wohnhaus durch einen großen Hof getrennt, der mit rautenförmigen Betonziegeln bepflastert war, die beiden Wirtschaftsgebäude, das heißt: die Werkstätte und das Lager. Arbeitsmaschinen und ein Lastwagen standen seitlich in der Dunkelheit. Das Tor war weit offen. Das signalisierte dem Türken, dass kein Hund da war. Es war aber doch ein Hund da, ein Deutscher Schäferhund. Er schoss aus seiner Hütte und kläffte. Die Türkin schrie auf, aber der Hund hing an einer Kette. Das fette Vieh raste, bis die Kette spannte und den Hund zwang, auf den Hinterbeinen zu tänzeln. Es kläffte und röchelte gleichzeitig. Vor der Hundehütte lag ein großer Knochen, der stank. Auf der Hütte stand ein kleiner Christbaum mit drei Kugeln und etwas Lametta, aber ohne Kerzen. Der Türke und die Türkin machten einen Bogen um den Deutschen Schäferhund. Der Hund folgte ihnen, so weit der Radius der Kette, die ihn immer noch aufrecht zurrte, es erlaubte.

Sie brauchten nicht mehr zu läuten. Im ersten Stock des Wohnhauses ging ein Fenster auf. Ein Mann schrie herunter: „Ist wer da?“

„Bitte –“, sagte der Türke, „Kollege Nihad?“ Was der Türke sagte, ging im Gekläff des Hundes unter.

„*Was?*“, schrie der Mann oben.

„Bitte – !“, wiederholte der Türke schreiend, „Kollege Nihad?!“

„Platz! Sascha!“, schrie der Mann oben. Der Hund wich etwas zurück und kläffte weniger laut. „Was ist jetzt? Wer sind Sie denn? Sie können doch nicht am Heiligabend daherkommen. Wir sind mitten in der Bescherung.“

„Bitte –“, sagte der Türke. „Kollege Nihad?“ Der Türke hob seinen Zettel hoch.

„Was willst denn vom Kollegen Nihad – der ist doch schon längst weggefahren.“

„Bitte nix verstehen?“, sagte der Türke.

„Weg!“, schrie der Mann oben. „Nihad *weg*! Fort – weg. In Türkei. Verstehst mich jetzt? Weg in Türkei. Heim.“

„Ah“, sagte der Türke. „Wirklich?“

„Natürlich wirklich. Weg. Fort. Heim – fort.“

Der Türke steckte seinen Zettel ein.

„Ja – tut mir Leid. Am ersten Februar kommt er wieder. Du verstehen? *Erster Februar!* Capito?“ Der Mann oben machte das Fenster zu, machte es gleich wieder auf und sagte: „Frohe Weihnachten.“

„Ein Augeblick“, sagte der Türke und lief näher ans Haus hin, was den Deutschen Schäferhund Sascha veranlasste, sofort wieder lauter zu kläffen.

„Bist still, Sascha. Braver Burli –.“ Der fette Hund legte sich nun hin und röchelte nur noch durch die Zähne. „Was ist denn jetzt noch?“, sagte der Mann zum Türken.

„Kann Möglichkeit – bitte Frau hier und ich – im Zimmer von Nihad schlafen? Nur eine Nacht? Vielleicht?“

„*Was* wollt's ihr? Im Zimmer vom Nihad übernachten?"
„Nihad – zu Hause, denn Zimmer frei – vielleicht? Frau hier ... ist bald kleine Kind habe – gehabt – gekriegt ..."
„Ja – also ... ja – nein ...", sagte der Mann, „aber ... das ist ja das Zimmer vom Nihad – das geht ja nicht so ohne Weiteres, da könnt ja jeder kommen. Ich weiß ja gar nicht, wer ihr seid's."
„Ich –! Kollege von Nihad. Gut Kollege!"
„Nein, nein, alles was recht ist. Also: Frohe Feiertage dann." Der Mann machte das Fenster zu. Er wandte sich ins Zimmer. Sein jüngerer Sohn weinte, weil er einen Elektronic-Baukasten A 606 auf den Wunschzettel geschrieben, aber nur einen A 604 bekommen hatte. Die Frau sagte: „Lässt du noch lang das Fenster offen? Heizen wir den Hof draußen?"
„Natürlich ist es schlimm für die Leut' – ausgerechnet am Heiligabend", sagte der Mann später auf dem Weg zur Christmette. „Aber – ich kenn 's doch gar nicht. Wer weiß, wer das ist. Zwei Wildfremde – am Heiligabend."
„Wenn's Türken waren", sagte die Frau, die den neuen Persianer trug, „dann bedeutet der Heiligabend sowieso nichts für sie."
„Die Frau war in andere Umständ."
„Mir wär's genug – dank schön. Womöglich hättst' dann mitten in der Nacht den Notarzt holen dürfen."

Sie fanden den Weg zurück zur Endstation der Straßenbahn nicht mehr. Es hätte auch nichts geholfen, denn die letzte Straßenbahn war schon abgefahren. Es hörte auf zu regnen und wurde kälter. Die Frau hielt sich den Bauch und jammerte. Der Mann redete auf sie ein. Die Frau setzte sich auf eine jener länglichen Kisten mit Griffen, in denen die Straßenverwaltung Streusand aufbewahrt. Der Mann gestikulierte und zeigte mehrfach in eine bestimmte Richtung. Offenbar meinte er, dass dort die Endstation der Straßenbahn sei. Die Frau jammerte lauter und versuchte, sich auf die Kiste zu legen, deren Deckel war aber abschüssig, sodass die Frau herunterrollte. Der

Mann fing sie grad noch auf. Dann gingen sie in die entgegengesetzte Richtung als die, in die der Mann gezeigt hatte.

Nachdem sie ein kleines Waldstück durchquert hatten, kamen sie an ein großes Gebäude. Der Mann entzifferte in der Dunkelheit eine Aufschrift: Es handelte sich um ein Waldgasthaus. Die Frau setzte sich auf eine der Bänke, die im Sommer im Gastgarten unter den Kastanien standen, jetzt aber zusammengeschoben an der Wand der Garage. Die Frau wimmerte stoßweise in regelmäßigen Abständen. Der Mann ging um das Haus herum. Er fand insgesamt sechs Türen, zwei große, doppelflügelige und vier kleine. An keiner war eine Klingel. Der Mann ging zurück, dorthin, wo die Frau saß. Er klopfte an der einen der großen, doppelflügeligen Türen. Obwohl oben im ersten Stock hinter einigen Fenstern Licht brannte, rührte sich auf das Klopfen niemand. Ein Tonbandgerät war da oben weit aufgedreht. Es ertönte das Lied: Stille Nacht, heilige Nacht. Der Türke rüttelte an der Klinke der Garagentür. Zu seinem Erstaunen war sie offen. Die Garage war für drei Wagen berechnet, es standen aber nur zwei darin. Aus vier Autoreifen schob der Mann eine Liegegelegenheit zusammen und legte einige Säcke drauf, die er hinter dem einen Auto fand. Die Frau brachte einen Knaben zur Welt. Es wurde noch kälter, die Sterne kamen heraus. Im Haus wurde ein Fenster aufgemacht. Das Tonbandgerät war jetzt noch deutlicher zu hören. „Gloria in excelsis Deo." Der Türke deckte die Frau, die das Kind im Arm hielt, mit seinem sperrig-steifen Überzieher zu und setzte sich auf den Kotflügel des einen Autos.

Das Kind starb noch in der gleichen Nacht.

Felsenharte Bethlehemiten

Herbergsuchelied

Felsenharte Bethlehemiten!
Wie könnt ihr so grausam sein
Und Maria auf ihr Bitten
Nicht den kleinsten Platz verleihn?
Will sich dann kein Mensch bequemen,
Sie und ihren Ehgemahl
In die Herberg aufzunehmen,
Weist man ab sie überall?

Ach, kein Winkel ist vorhanden;
Niemand nimmt sich deiner an.
O des Undanks! o der Schande!
Nirgends wird dir aufgetan.
Unerbittliche Gemüter,
Seht! die zarte Jungfrau tragt
Den vermenschten Weltgebieter,
Und ihm wird ein Platz versagt!

Will dann Niemand sich erbarmen,
O Maria, komm zu mir!
Nimm die Herberg bei mir Armen!
Offen steht die Herzenstür.
Statt der kalten Krippenhöhle
Trag ich dir mein Herze an.
Nehme Platz in meiner Seele,
Wenn sie dich vergnügen kann!

Komm auch du in meine Wohnung,
Heilger Joseph, komm herein!
Komm herein! sieh, zur Belohnung
Soll, was mein ist, dein auch sein.
Einstens batest du die Sünder,
Doch umsonst: jetzt bitt ich dich.
Komm! – du kommst? – ihr Menschenkinder,
Wer ist glücklicher als ich?

Gegen Sitte und Brauch

Ludwig Thoma

Zu Weihnachten ging es die Schullerin am härtesten an. Aus allen Häusern eilten die Leute in die Christmette; in der kleinsten Hütte flammte um die Mitternacht ein Licht auf und irrte hinter den Fenstern hin und her. Wenn es erlosch, öffnete sich die Türe und verhüllte Gestalten traten heraus. Auch die ganz Alten blieben nicht daheim; sie wateten mühsam durch den Schnee und schleppten sich hustend bis zur Kirche. Die Ursula war mit den Ehehalten vorangegangen; die Schullerin wartete noch und machte sich im Hause zu schaffen.

Sie versuchte es noch einmal, ihren Bauern umzustimmen.

„Heut ko'st do gar it dahoam bleib'n, scho weg'n de Deanstbot'n it. Da is ja koa Respekt nimmer im Haus!"

„Geh, und lass ma mei Ruah! I mag den Menschen it sehg'n."

„Du brauchst'n ja it o'schaug'n; du tuast as ja g'rad weg'n de Leut'."

„Na, sag i. I geh net, und balst du no lang red'st, nacha kimmst selm z'spat."

„Da Haberlschneider sag's aa, du gibst an Pfarra bloß a G'leg'nheit, dass er schlecht reden ko über di."

„Wenn dös da Haberlschneider glaabt, is sei Sach. I glaab's anderst und bleib dahoam."

Und die Schullerin musste allein gehen.

Die Nacht war klar und kalt.

Aus der Kirche drang helles Licht und legte sich auf die Schneedecke.

Und leuchtete weithin in die Gassen und Winkel und zu den Hügeln hinauf, von denen eilige Menschen herunterkamen.

Sie schritten über die Felder dem Lichte zu wie vor vielen hundert Jahren die Hirten, denen die frohe Botschaft verkündet wurde. „Heute ist euch der Erlöser geboren worden. Ihr werdet ein Kindlein finden, das in einer Krippe liegt."

Da verließen sie ihre Herden und eilten, um das Ereignis zu sehen. Es muss wohl ein armer Häusler gewesen sein, bei dem der Herr Joseph eingekehrt war.

Bloß ein Ochs und ein Esel standen hinter dem Barren; kein Ross fraß von der Raufe, keine Kuh lag auf der Streu.

Der Stall war niedrig und eng, dass er die Wärme hielt für das wenige Vieh. Und weil die Hirten keinen Platz darin hatten, blieben sie an der Türe stehen.

Das Kindlein lag nackend, wie es zur Welt gekommen war, und die Magd des Herrn kniete davor und faltete fromm die Hände. Man sah ihr das Leiden an, denn sie ist gar ein zartes Frauenzimmer gewesen und hat noch in den Wehen herumirren müssen, bis sie endlich das Obdach fanden.

Joseph ist sorgsam dabeigestanden in zwiefacher Sorge um die Mutter und das Kind; wenn er seine schwieligen Hände zum Beten zusammenlegte, hat er in die Krippe geschaut, ob die Tiere das Stroh nicht unter dem Kinde weggezogen und ob er noch ein Büschel unterlegen müsse.

Das waren drei arme Menschen.

Aber die Hirten sind vor ihnen niedergekniet.

Es ist ein lichter Schein von der Krippe ausgegangen und auf sie gefallen. Der leuchtet noch heute den Armen.

In diesem nackten Kindlein erstand ihnen ein Streiter.

Wie es neben der Hobelbank aufwuchs und in ehrfürchtiger Liebe an den Händen der Eltern die Ehrenmale der Arbeit sah, ist in ihm der heiße Wunsch groß geworden, den Menschen zu helfen.

Und es ist der erste Kämpfer geworden gegen die Reichen und Mächtigen.

Die leidenden Menschen wissen es kaum; in der lauten Verehrung seines Namens ist gerade das zur Vergessenheit gekommen. Aber einmal im Jahre müssen sie daran denken. In der stillen Winternacht, wenn man die Geburt des Kindes feiert.

Da mögen die Armen glauben, dass der Mann sein Leben lang zu ihnen gestanden ist, der im engen Stalle auf die Welt kam.

Dicht gedrängt standen die Leute in der Kirche, und immer noch ging die Türe auf und zu. Vorne am Altare und an den Seitenwänden brannten Kerzen; davon war die gewölbte Decke erhellt; unten auf der Menge lag tiefes Dunkel. Aber hier und dort flackerte ein Licht, und in seinem gelben Scheine hob sich scharf umrissen ein ernsthaftes Gesicht ab. Eine alte Bäuerin, die ihren Wachsstock angezündet hatte und im Gebetbuche las.

Man sah die Lippen sich bewegen und den Hauch vom Munde gehen. Die Menge stand nicht still. Viele rührten sich, dass sie die Kälte nicht so empfindlich merkten. Die Füße scharrten den Boden, unterdrücktes Husten kam aus dem Dunkel heraus und hallte vom Gewölbe zurück.

Mit einem Male verschlang voller Orgelton das Geräusch; Herr Stegmüller griff drei oder vier kräftige Akkorde und ging zu einer Melodie über.

Eine dünne Frauenstimme fiel ein, und wer zum Chor hinaufblickte, sah in schwacher Beleuchtung die Näherin, die Schallmaier Zenzi, welche auch des Sonntags das Hochamt begleitete.

Für gewöhnlich musste sie lateinische Worte singen; heute war es ein deutsches Lied. Den Brauch hatte vor vielen Jahren der Pfarrer Held so eingeführt.

Es ist ein Ros entsprungen
Aus einer Wurzel zart,
Wie uns die Alten sungen,
Aus Jesse kam die Art.

Und hat ein Blümlein bracht
Mitten im kalten Winter
Wohl zu der halben Nacht.

Als das Lied zu Ende war, zog der Mesner dreimal an der Sakristeiglocke; der Pfarrer schritt im goldgestickten Kleide zum Altare hin, die Ministranten klingelten, und einer schwang das Weihrauchfass. Jetzt kam wieder das Lateinische zu seinem Rechte.

Die Schullerin war in dem Gedränge bis zur Seitenkapelle geschoben worden. Hier hatte der Mesner eine Krippe aufgerichtet; darstellend die Geburt des Herrn. Über die Hälfte des Raumes nahm der Stall von Bethlehem ein; es war aber kein Stall, wie sie vielleicht in Palästina gebaut worden sind; es war ein richtiger, ordentlicher Stall, wie man sie hierzulande hat.

Alles darin war genau und gut nachgemacht; Barren und Raufe, ein hölzerner Verschlag, in dem man die Schweine unterbringt, oben die Luke, durch die man das Heu herunterwirft; dazu Geräte und Handwerkszeug, ein Schubkarren, Trankkübel und ein Melkstuhl waren da; Heurechen und Gabeln waren an die Wand gelehnt.

Und hinter dem Barren stand ein Ochse; aber kein Ochse, wie man sie in Palästina hat, sondern ein richtiger Pinzgauer, rot und weiß gefleckt. Der Esel daneben ist eher orientalisch gewesen, denn der Meister hatte ihn ohne Vorbild geschnitzt.

Vom Stalle weg dehnte sich eine Landschaft aus; eine richtige deutsche Schneelandschaft mit Hügeln und Bäumen. Am dunkeln Himmel leuchteten die Sterne; einer besonders hell. Das war der Stern, der die Weisen aus dem Morgenlande herbeiführte. Zu dem sahen die Hirten hinauf; sie mussten aber die Augen vor seinem Glanze bedecken.

Andere Hirten hatten sich vor dem Stalle aufgestellt und schauten andächtig hinein. Da saß die Jungfrau auf dem umgestülpten Schubkarren und hielt zärtlich blickend das Kindlein im Schoße. Der Joseph stand daneben; mit der linken Hand strich er sich den langen Bart, die rechte hielt er freudig in die Höhe, und sie stieß beinahe an der Decke des Stalles an.

Die Schullerin schaute gar andächtig auf die Gruppe.

Das war so, wie es im Liede gesungen wurde.

Und hat ein Blümlein bracht
Mitten im kalten Winter
Wohl zu der halben Nacht.

Da musste sie an ihr eigenes Kind denken, das sie den letzten Herbst zur Welt gebracht hatte.

Und das ihr der Pfarrer in ungeweihter Erde neben der Friedhofmauer einscharren ließ, weil es nicht getauft war in dem Glauben dessen, der da drinnen in der Krippe so hilflos auf seiner Mutter Schoß lag.

Es steht aber geschrieben: „Acht Tage später wurde das Kind beschnitten und ihm der Name Jesus gegeben."

Eine ganze Woche später. Wenn da ein Unglück geschehen wäre, ob sie im Morgenlande gegen die Mutter auch so grausam gehandelt hätten?

Das ihrige war keine Stunde alt geworden und durfte doch nicht liegen neben den Eltern, um auf die Auferstehung zu warten.

Daran musste die Schullerin denken.

Wenn das nicht geschehen wäre, hätte vieles ein anderes Aussehen bekommen. Von dem Tage an war der Verdruss angegangen und hatte nicht mehr aufgehört. Ja, wäre das nicht gewesen, dann stünde jetzt der Bauer neben ihr und fehlte nicht am heiligsten Abend in der Kirche.

Eine lebhafte Bewegung kam unter die Leute; am Altare sang der hochwürdige Herr ein lateinisches Wort besonders lang gedehnt und feierlich durch die Nase. Die Mette war zu Ende.

Die Ehehalten des Schuller verbreiteten es bald im Dorfe, dass ihr Bauer den Glauben abgeschworen habe und kein Christ mehr sein wolle.

Aber die Erlbacher hätten das auch ohne die Rederei bald gemerkt, denn bei allen heiligen Handlungen, die in dieser Zeit schnell hintereinander folgen, fehlte der Andreas Vöst.

Er trank nicht vom gesegneten Johanneswein; er war nicht bei der großen Salz- und Wasserweihe, die am Abend vor dem Dreikönigstage gehalten wird, und er ging am Lichtmesstage nicht mit einer geweihten Kerze in der Prozession.

Die Schullerin brachte freilich geweihtes Salz heim und vermengte es mit dem Johanneswein, auf dass die Mischung das ganze Jahr aufbewahrt bleibe und davon jedem Stück Vieh gegeben würde, welches in den Stall käme.

Aber wie konnte es helfen und den Schaden abwehren, wenn der Hausherr den Brauch nicht ehrte?

Sogar den Blasiussegen verschmähte er.

Er war nicht unter den Leuten, welche am Tage nach Lichtmess vor dem Altare knieten; er ließ sich nicht die gekreuzten Kerzen an den Hals legen, dass er von Krankheit verschont bleibe. Aber wenn der Schuller glaubte, dass er für sich allein nach eigenen Gesetzen leben könne, irrte er sich.

An seine Feindschaft mit dem Pfarrer hätten sich viele nicht gekehrt; die gab es zu allen Zeiten, voraus jetzt, wo sich die Bauernbündler zusammentaten.

Aber wer sich von Herkommen und Brauch losmacht, verliert den Boden unter den Füßen. Darin hatte die Schullerin mit ihrem Weiberverstande klarer gesehen wie der Bauer.

Das Ansehen wurde ihm gemindert, in der Gemeinde wie im Hause.

Denn die Sitte ist älter als die Menschen. Und sie ist stärker.

Weil sie das nüchterne Leben segnet, ist sie ehrwürdig, und weil sie ehrwürdig ist, kann sie keiner ohne Schaden verletzen.

Das Christkindl in der Glashütte

Paul Friedl

Das ewige Feuer durfte nicht ausgehen. Es brannte in einer alten, knisternden Hütte im Tal der Ohe und rundum standen die alten Wälder bis hinauf zum Rachel. Wie ein eingesperrtes, unförmiges Tier mit wild funkelnden Augen hockte der Glasofen unterm Dach und in der Feuergrube streckten sich lodernd die Scheiter. Die heiße Luft tanzte leise summend um die verlassenen Werkstätten der Glasmacher und zog fauchend durch das gehobene Dachgestühl ab. Draußen rauschte der Hüttenbach vorbei.

Das Feuer musste immer brennen; auch in der heiligen Nacht, in der die Arbeit ruhte und das Glasmacherdorf ganz still geworden war und die Familien in den warmen Stuben gottselig das Christkind erwarteten.

Verlassen lag die Glashütte im Finstern am Bach und blinzelte mit trüben Ofenlichtern zu den kleinen Häusern hinüber, deren Schatten unter dem Spitztürmchen des Herrenhauses und der Turmzwiebel der Kapelle sich aus dem Grau der Schneewehen gegen den schwarzsamtenen Himmel abhoben. Droben glitzerten frostig die Sterne aus der unendlichen Tiefe der Nacht.

Als der Hüttenherr langsam, fröstelnd in seinen Pelz geduckt, durch das Dorf ging, – dem Hüttenwirt ansagte, dass er auf dem Rückweg in der Schankstube keinen Laut mehr hören und kein Licht mehr sehen wolle, begegnete ihm niemand. Diese Nacht war stiller als alle anderen, geheimnisvoller und festlicher und voller Erwartung. Er ging hinunter zur Glashütte und zog das knarrende Tor auf, horchte auf das Brausen des Feuers unter der Ofenkuppel und sah nach dem roten Schein, der an den schwarzen Wänden der weiten Hütte zuckte. Beim Werkbankl der Glasmacher klirrte ein Krug; gegen die Glut des Ofens richtete sich ein taumelnder Schatten auf und kam ihm schwerfällig entgegen.

„Der Herr schaut noch nach?“ Verwundert stand der alte Schürer vor dem Besucher.

„Gaschler, soll dich net ein Junger ablösen? Muss net sein, dass du die Heilige Nacht Wache hast.“

Der Alte knurrte abwehrend: „Herr, hab mir die Wache selber ausbedungen. Möcht allein sein in dieser Nacht! Seit mein Weib ...“

„Weiß schon, Gaschler. Aber lass das Trinken sein. Es nutzt mich nichts, wenn du nachlässig wirst und die Hitze heruntergeht. Der Ofen vertragt das net. Wenn er zusammenfällt, ist es aus mit der Glasmacherei.“

Rau aufbegehrend wehrte sich der Schürer: „Herr, hab ich schon einmal meine Sach net recht gemacht? Vierzig Jahr bin ich jetzt schon Schürer in der Hütte.“

„Ist schon recht“, besänftigte ihn der Hüttenherr, wandte sich unwillig ab und ging. Hinter ihm klirrte die Schürstange.

Seit sein Weib nicht mehr lebte, war der alte Schürer ein Einschichter geworden, der den andern fernblieb, der die Nachtschichten übernommen hatte und dabei alles vertrank, was er verdiente.

Waren seltsame Menschen, diese Glashüttenleute, derb und rau, konnten bei der schwersten Arbeit singen, während ihnen vor dem brandheißen Ofen die Haut dörrte, brauchten viel Bier und hatten doch so viel Herz, dass sie damit nichts mehr anzufangen wussten, wenn die kalten Finger des Schicksals danach griffen.

Hatte seinem Weibe nicht alle Tage Freude gemacht. Wie oft mochte er ihr versprochen haben, das Trinken zu lassen, und brachte doch den Bierteufel nicht von seinem Genick und wenn das stille geduldige Weib wieder nicht wusste, woher sie Milch und Brot für die Kinder nehmen sollte, dann saß sie in den Nächten strickend bis zum Morgengrauen bei der Kerze.

Sie waren groß geworden, die Gaschlerkinder, und der Älteste war heute der beste Glasmacher der Hütte. Die Buben waren keine Trinker, sie hatten zu viel miterlebt von der Sorge der Mutter, um die der Vater am Grabe so heftig geweint hatte. Nun war niemand mehr, der dem alten Gaschler im Guten zuredete, und nun vertrank er die Trauer um sein Weib und die bittere Reue um die harten Tage, die er ihr bereitet hatte. Trank bei der Nachtschür und schlief vom Morgen an, bis wieder zur Nacht. Seine Buben zuckten dazu hilflos die Schultern und die Enkel sahen ihren Großvater mit Scheu und Furcht.

Hinter einigen Fenstern leuchtete schon der Kerzenschein auf und auch im großen Haus wurde der Baum gerüstet, bis der Herr von seinem Hüttengang zurückkam.

Die warme Stube, der Lebkuchenduft, der Christbaum und die Freude seiner zwei Kinder ließen den Hüttenherrn den alten Gaschler in der einsamen Glashütte wieder vergessen. Nun war ja Friede und Freude in allen Stuben der Glashüttenleute, die schon durch Generationen an die Glashütte, den Ort und das Herrenhaus gebunden waren und wohl tiefsinnig und rau gerade das Lied von der „Stillen Nacht" sangen, während in der Herrenstube die alte Weise das Spielwerk im drehenden Christbaumständer klimperte.

In der Hütte saß der Gaschler wieder auf seinem Werkbankl und dämmerte vor sich hin, wischte sich die tränenden Augen und griff nach dem grüngläsernen Bierkrug. Dann krampfte er die Hände zusammen und bat den Herrgott, er möchte es doch seinem seligen Weib sagen, dass sie ihm verzeihen möge, was er ihr angetan hatte. Der Ofen sang und die Lichter huschten wie Geister über die Wände. Er horchte auf den Brand; wenn das Sausen und Brausen in der Schür dumpf und hohl wurde, musste nachgeschürt werden. Draußen vor der Hütte warteten im Schnee noch drei Krüge, mit je sechs Gemäßen. Damit würde er seine einsame Weihnacht am Glasofen feiern.

Hoch oben an der Wand hing eine Uhr mit verrußtem Zifferblatt und schwang ein schwarzes Perpendikel. Rotgläserne Gewichte hingen wie Riesenbluttropfen an den Schnüren. Nun war das Christkind in den Ort gekommen. Wie sich das kleine Reserl, das Kind von seinem Buben, gefreut haben würde, das blonde Krausköpfel, das ihn oft mit den hellblauen Augen so fragend ansah. Es würgte ihn in der Kehle. Er sah in die Nacht empor, zu den wandernden glitzernden Sternen. Zur Mette würden sie sich jetzt rüsten. Wie lange war es her, dass er seinen letzten Mettengang gemacht hatte. Mit seinem Weib . . .

Er kehrte in die Hütte zurück. Seine Holzschuhe klapperten auf dem harten Boden. Wieder sandte der Hüttenkamin seinen lodernden Strauß in die Nacht und tanzten die goldenen Funken in den Himmel hinein.

Eine Laterne schwankte durch das nächtliche Dorf und auf das Herrenhaus zu. Die Hausglocke bimmelte. Als der Hüttenherr aufmachte, sangen dünne helle Stimmen die uralte Weise der Christkindlsinger.

„Kommt herein!“ Ein Engel ging voran, mit leuchtend blauen Augen und blondem Kraushaar, mit Goldflügeln auf dem weißen Kleidchen. Maria folgte mit dem Kind im Kripplein und zwei kleine Hirten mit Bärten aus grauen Baumflechten machten den Schluss.

„Ich singe euch eine selige Mär –“, kündete der Engel und tief gerührt lauschte die Familie dem kurzen Spiel von der Heiligen Nacht. Die Frau des Hauses gab reichlich Gebäck in ein Säcklein. Einer plötzlichen Eingebung folgend, sagte der Hüttenherr: „Wenn ihr überall gewesen seid, dann geht auch in die Hütte zum alten Gaschler!“ Und dem kleinen Engel über das Haar streichend, setzte er hinzu: „Wird ihn gewiss freuen, deinen Großvater!“

Dann trabten die Sängerlein von Tür zu Tür und waren beim letzten Haus, als gerade die Kapellenglocke zur Mette läutete.

„Gehn wir zum Großvater“, bettelte die Kleine. „Wir net“, entschieden die Hirten, „den Gaschler fürchten wir.“

Auch Maria wollte nicht. Mit einem energischem „dann geh ich a allein“, lief das Reserl über den singenden Schnee der Hütte zu.

Den Kopf in die Hände gestützt, kauerte der Gaschler auf der Bank und hörte nicht, wie leise das Hüttentor aufgedrückt wurde und im dunklen Winkel auf einmal ein weißer Engel stand.

Weit über die Glashütte hinaus waren seine Gedanken geraten. Da sang ein kleines zitterndes Stimmchen in die brodelnde Stille des weiten Raumes:

„Ich sing euch eine selige Mär“ und verstummte, erschrocken über den auffahrenden alten Schürer. Während sich der die Augen rieb und in die dunkle Ecke starrte, in der er soeben noch im aufflackernden Schein einer Feuerzunge ein blondes Engelköpfchen und zwei goldene Flügel gesehen hatte, entfernten sich draußen huschende Schrittchen über den knisternden Schnee.

„Jesus und Maria! Was ist das gewesen?“ Mit über den Kopf gestoßenen Armen stand der alte Gaschler und ächzte mit zuckenden Lippen: „Was ist das gewesen! Weib, hast du mir das leibhaftige Christkindl geschickt! Dann, Weib, hast du mir auch verziehen.“

Seine tastenden Hände fanden den Bierkrug. Sie schmetterten ihn auf den Boden, dass die grünen Scherben wie ein Feuerwerk aufspritzten. Mit festen Schritten ging der Alte aus der Hütte, um hier mit den Holzschuhen zwei Bierkrüge umzustoßen, die dort noch gefüllt im Schnee standen.

„Weib, keinen Tropfen trink ich mehr – und froh bin ich.“ Während sie droben im Ort in der Kapelle zur heiligen Christmette sangen, sandte der Hüttenkamin wieder seinen lodernden Strauß in die Nacht und tanzten die goldenen Funken gegen den Himmel. An der Schür stand der Gaschler, hatte die Hände um die eiserne Stange gefaltet und betete für sein Weib und alle armen Seelen.

Der Gaschler hat sein Wort gehalten. Er lebte noch lange. Erst auf seinem Sterbebett sprach er davon, dass ihm das Christkindl erschienen sei, damals, in der Mettennacht, in der Glashütte. Er sagte es seinem weinenden Enkelkind, das heute selbst schon Großmutter ist.

Diese Geschichte hat sich in Riedlhütte wirklich zugetragen.

Der Heilige Abend des einsamen Königs

Friedrich Deml

König Ludwig II. von Bayern hatte sich seit Jahren immer tiefer in die Einsamkeit seiner Berge und Schlösser zurückgezogen; er war menschenscheu geworden und voller Misstrauen gegen die Zeitgenossen. Er lebte in den Räumen seiner Fantasie, die immer heroischer und bizarrer wurde. So baute er sich Burgen und Traumpaläste, in denen er eine Weile auf der Flucht vor sich selber innehielt und die schnöde Wirklichkeit zu vergessen suchte.

Seit einigen Tagen wohnte er auf der Insel im Schloss Herrenchiemsee. Ruhelos durchwanderte der König die Hallen; er ließ sich die tausend Kerzen der Kronleuchter im Spiegelsaal anzünden. Die Flämmchen tanzten, duftendes Wachs vertropfte, und die Marmorwände und Glasflächen überzogen sich mit feinem Nebelhauch. Während der schwelgerische Raum sich mählich erwärmte, ging der königliche Einsiedler, Selbstgespräche führend, hin und her; er horchte auf das Echo seiner Schritte. Plötzlich erinnerte er sich, dass ja morgen der Heilige Abend sei und übermorgen das Weihnachtsfest. Fast erschrak er bei diesem Gedanken. Wie konnte er so rücksichtslos gegen alle Zeit leben, dass er sogar dieses Fest vergaß? War es nicht das Einzige, das in seinem Herzen Wurzel geschlagen hatte, das ihm lieb geworden war, weil es ihn an Christi Geburt, an selige Kindertage, an Heimat, an Vater und Mutter und an die Geborgenheit im Schoß der Familie gemahnte? Unentschlossen hielt der König in seinem Umherwandern inne; einen Augenblick stand er noch vor dem riesigen Spiegel, der seine Gestalt und sein Gesicht verzerrte, dann raffte er sich zusammen, rief den Diener und gab den Befehl, alles für eine Schlittenreise ins Berchtesgadener Land vorzubereiten.

Am Hintersee stand sein hölzernes Jagdhaus; dort wollte er den Heiligen Abend verbringen; denn ihn ermüdeten auf einmal der Prunk und die Pracht seines Märchenschlosses; er sehnte sich nach Wärme und nach einem einfachen Leben.

So fuhr er also am nächsten Morgen ins Gebirge. Die Rappen vor dem goldenen Schlitten stäubten den Schnee, die Kufen knirschten, die Glöcklein klingelten; Bauern und Holzhacker grüßten und starrten ihm nach, und die Augen der Kinder wurden groß und rund, wenn der Glanz vorüberglitt.

Gegen Mittag erreichte man das Ramsauer Tal und die Hütte, wo alles zum Empfang des Königs vorbereitet war. Im Kachelofen brannte ein lustiges Feuer; es machte die Stube heimelig. Ein derber Tisch, eine Bank und ein paar Stühle, bunte Hinterglasbilder an den getäfelten Wänden und im Herrgottswinkel ein Kruzifix mit dem Wurzbüschel, das war die ganze Einrichtung. Die Hütte war aus Bohlen gezimmert und mit Rinde umkleidet und duckte sich wie ein braunes Vogelnest in den weißen Wald. Vom Hochkalter blitzte der Blaueisgletscher, die jähen Wände der Reiteralp stürzten in den rauchenden Hintersee, und der zwiegehörnte Watzmann ragte in der Ferne.

Ludwig betrachtete das vertraute Bild; er atmete die kristallklare Luft des Gebirges, und seine Seele wurde freier. Für den Nachmittag hatte er sich seine eigene Christbescherung ausgedacht. Der alte Förster lächelte und nickte, als er den Wunsch seines Herrn vernahm. Der König wollte das Wild an den Futterstellen besuchen und beobachten, das sei seine Weihnachtsfreude! Die Tiere seien gut, besser als die Menschen, und er wolle ihnen am Heiligabend etwas Gutes tun. Er wolle sie zu Gast laden.

So gingen die beiden, der König und der alte Förster, schweigend durch den Wald. Ein Wildbach sprang über vereiste Steinblöcke, die Tannenzweige knarrten und knisterten und luden ihre Schneelast auf die Schultern der beiden Wanderer, die mühsam vorwärtsstapften. Endlich kamen sie zu einer Bergwiese, die rings von Latschen und

Fichtengestrüpp umwuchert war. Schon unterwegs hatten sie die Spur von Hirschen und Rehen ausgemacht; die Fährten liefen wie eine trippelnde Kette zu der Futterhütte, wo sich die hungernden Tiere einfanden. Es wurde dämmerig, und von den Felswänden hingen blauschwarze Schatten. Über den Graten glitzerte der Abendstern; auf der Schutthalde stand ein Rudel Gämsen und sicherte gegen den Wind.

Der König und der Förster gingen ins Innere des Futterhäuschens und machten sich ein Strohlager zurecht; sie kauerten sich nieder und spähten durch die Ritzen nach den Tieren. Langsam rückte die Herde näher, scheu und misstrauisch. Draußen waren die Raufen gefüllt mit duftendem Heu. Auch Kastanien und Eicheln hatte der Jäger gestreut. Der Tisch war gedeckt, und die Gäste kamen.

Zuerst die Rehe, Leib an Leib geschmiegt, die Felle waren bereift, und ihre Lichter funkelten. Ganz nahe rückten sie heran, sodass man ihr Gehörn hätte greifen können. Sie schnauften und aßen und kauten, ihr Atem wölkte und mischte sich beinah mit dem Atem der zwei Männer an den Gucklöchern.

Dann kamen die Hirsche, Edelhirsche und Damwild, eine stumme, braune, unruhig wandernde Schar. Aus den Grotten des Fichtenwaldes traten sie hervor; sie witterten, zögerten, schwankten und flohen ängstlich zurück in den bergenden Schatten. Doch wieder zog es sie zu der reich besetzten Tafel. Eine Hirschkuh trat aus dem Holz und wagte den Vorstoß. Andere Tiere schoben sich heran, Spießer, Gabler, Sechsender, und zuletzt erschien ein Zwölfender, der greise König des Waldes. Er trollte an die Raufe und zerrte das Heu ins Geäse. Seine Gefährten taten sich gütlich an Eicheln und Kastanien; das prasselte zwischen den Zähnen, das schnorpste und schmatzte; die zottigen Leiber dampften, Schneekrusten hingen an Brust und Keule, und die Geweihe stießen manchmal polternd an die Bohlen der Futterhütte.

Während die Tiere an der Tafel des Königs schmausten, blieben sie doch zugleich misstrauisch und ständig fluchtbereit; es war ein Glück, dass der Wind günstig stand, sodass sich die neugierigen Lauscher hinter der Holzwand nicht verrieten.

Die Rehe waren gesättigt und zeigten ihre Spiegel, den Hirschen schmeckte es noch immer; als auch sie abgezogen waren, standen die Gämsen an der Halde und schoben sich als Letzte an den Tisch heran. Sie waren scheuer als das andere Wild, vielleicht auch nicht so hungrig, weil sie in den Felsen noch einiges Futter gefunden hatten: Moos, Flechten, Knospen und dürres Gras. Immer wieder nahmen sie Witterung und blieben bei jedem Geräusch stehen, wie zu Stein erstarrt, ihre Hörner zackten, ihre weißen Bäuche und die bernsteingelben Lichter glommen. Auf einmal zuckten sie zusammen und wurden flüchtig; sie polterten über die Sandreiße und verschwanden. Eine Weile war nichts als Stille. Dann traten wieder einzelne Rehe und Hirsche schattenhaft aus der Waldesmauer hervor; sie spitzten die Lauscher und warteten.

Der König erhob sich nun von seiner Strohschütte; er war ganz steif geworden und fror trotz seines Pelzmantels, aber er sagte kein Wort. Der Anblick der hungernden Tiere, der zutraulich-ängstlichen, hatte ihn seltsam ergriffen. Er hatte in die Augen des Großen Pan geblickt, in die rätselhaften Augen der Kreatur. Waren sie nicht von den gleichen Gotteslichtern erhellt wie die Augen der Menschen? Ja, waren die Tiere nicht Brüder und Schwestern des Menschen? Hatten sie nicht teilgenommen an der Geburt des Gotteskindes? Ochs und Esel waren doch an der Krippe gestanden und hatten ihren warmen Hauch um das frierende Knäblein wehen lassen! „Friede auf Erden, Friede allen Geschöpfen!" Der König vernahm in seinem Innern die Botschaft des Paradieses, die Botschaft des verlorenen Goldenen Zeitalters – und er war froh und glücklich, dass er heute den Friedlosen seinen Tisch gedeckt hatte.

In Gedanken versunken, stapfte er hinter dem Jäger durch den mondhellen Wald. Die Sohlen knirschten im verharschten Schnee, wie aus Diamant geschnitten standen die Gipfelhäupter.

Als Ludwig wieder zu seinem Jagdhaus kam, erlebte er eine eigenartige Überraschung. Seine Diener hatten eine riesige lebende Tanne mit Lichtern besteckt, und nun empfing ihn ein brennender Weihnachtsbaum im Freien. Die Tanne glich einem grün-goldenen Turm, einer zauberisch zuckenden Pyramide. Ihre Kerzen erhellten die Nacht und ihr Wachs tropfte ins tauende Moos. Der König war fast verwirrt beim Anblick des wunderbaren Christbaums; er dankte seinen Leuten, den Jägern und Reitknechten, die in einigem Abstand ehrfurchtsvoll ihren Herrn erwartet hatten. Dann befahl er, die Kinder aus den umliegenden Dörfern herbeizuholen. Wie er am Spätnachmittag die Tiere des Waldes zu Gast geladen und bewirtet hatte, so wollte er nun den Kleinen eine Freude machen. Er ließ Äpfel, Nüsse, Hutzeln und alles Zuckerzeug, das er auftrieb, auf Leintüchern zu Füßen des großen Weihnachtsbaumes ausbreiten; dort sollten es die Kinder auflesen. Er selber sah von ferne zu und zog sich dann in seine Stube zurück.

Zur Zeit der Mitternacht aber, als die Leute mit ihren Laternen über die Hügel zur Mette gingen, ließ er anspannen und fuhr gegen Ramsau und Berchtesgaden. In dieser heiligsten Stunde des Jahres besuchte er sein Bayernland. Erleuchtete Dorfkirchen und breite Gehöfte zogen an ihm vorüber, schwarze Wälder und verschneite Matten huschten vorbei, Felsriesen erhoben sich. Die Glocken verkündeten die Weihnachtsbotschaft: „Friede auf Erden den Menschen, die guten Willens sind ..."

König Ludwig hüllte sich fester in seinen Pelzmantel; er schloss die Augen und horchte in die rätselhaften Tiefen seiner Seele; ein heimliches Lächeln lag um seinen Mund.

In der Christnacht

Karl Stieler

O Winterwaldnacht, stumm und hehr,
Mit deinen eisumglänzten Zweigen,
Lautlos und pfadlos, schneelastschwer –
Wie ist das groß – dein stolzes Schweigen!

Es blinkt der Vollmond klar und kalt;
In tausend funkelharten Ketten
Sind fest geschmiedet Berg und Wald,
Nichts kann von diesem Bann erretten.

Der Vogel fällt, das Wild bricht ein,
Der Quell erstarrt, die Fichten beben;
So ringt den großen Kampf ums Sein
Ein tausendfaches banges Leben.

Doch in den Dörfern, traut und sacht,
Da läuten heut zur Welt hienieden
Die Weihnachtsglocken durch die Nacht
Ihr Wunderlied – vom ew'gen Frieden.

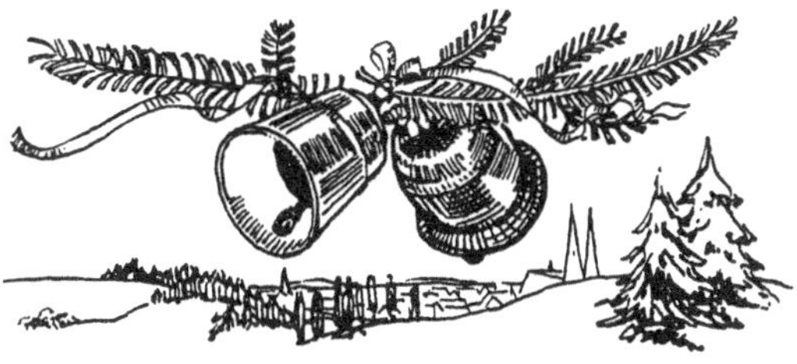

Christnacht auf der Schi-Alm

Paul Alverdes

Der letzte Schiläufer bei uns in den bayerischen Bergen, der sich noch an die Regeln der inzwischen längst vergessenen Zdarski-Schule gehalten hat, ist mein Freund Zachäus gewesen. Ihre Anhänger bedienten sich beim Fahren statt der heute allgemein üblichen zwei Stöcke mit den Schneetellern nur eines einzigen aus Esche oder Hasel, der dafür aber zwei Finger dick und anderthalb Mann hoch sein musste. Zachäus schwor auf diese Technik, die er wunderbar beherrschte, was nicht zuletzt mit seinen Bärenkräften zusammenhing. Wenn er einen Hang in engen Kehren heruntergefegt kam, sah es jedes Mal aus, als schwinge er sich bei ihren Wendepunkten an beiden Händen blitzschnell um seinen Fahrprügel herum. Besonders steile Hänge aber nahm er in gerader Schussfahrt, auf dem Stecken reitend wie die Hexen auf ihren Besen. Dennoch habe ich niemand über ihn lachen hören, wenn er mit seinem Weberbaum an einer Schihütte vorgefahren kam, obwohl die Schifahrer gern lachen. Auch das hing vermutlich mit den Kräften zusammen, die man ihm ansehen konnte.

Vielleicht hat ihn seine Vorliebe für das Altertümliche zum Anhänger der verschollenen Fahrweise gemacht. Auch dass er zu seinem jungenhaft gebliebenen Gesicht einen Backenbart trug, rötlich blond und zierlich gelockt, entstammte dieser Neigung. Er studierte Malerei, als ich mich mit ihm anfreundete, doch malte er damals nicht viel, sondern war hauptsächlich damit befasst, sich Farben nach Rezepten aus alten Scharteken selber zu reiben und zusammenzukochen, denn er verachtete die neuzeitlichen Herstellungsarten. Zachäus hatte sich für wenig Geld eine aufgelassene Alm gemietet, hoch über einem abgelegenen Seitental an der Tiroler Grenze. Dort habe ich einmal Weihnachten mit ihm gefeiert. Es war noch ein Freund von ihm mit von der Partie, äußerlich sein genaues Gegenteil, nämlich ein ungewöhnlich zierlicher und schweigsamer junger Mann namens Theodor, der Bildhauer werden wollte.

Es war gut, dass wir schon am Tage vor der Christnacht aufgebrochen sind. Denn obwohl Zachäus den Weg im Herbst fast jede Woche einmal gemacht hatte, schwer beladen, um seine Alm mit dem Nötigsten zu versehen, mit Erdöl für die Kajütenlampe, die er dort aufgehängt hatte, mit Mehl, Zucker, Nudeln, Reis und allerhand Getränken, so verfehlte er ihn doch in dem Schneesturm, in den wir hineingeraten sollten. Ein Schneesturm fängt oft nicht einmal unbehaglich an, und auch wenn man auf Brettern unterwegs ist, so freut man sich zunächst, dass noch mehr Schnee kommen soll, der die weiße Welt noch tiefer verzaubert und bald gänzlich unberührt und unbetreten erscheinen macht. Es fing auch mit schönen, federgroßen Flocken an, die aus dem schiefergrauen Himmel sachte herniederkreiselten und das schwärzliche Grün der Tannen zuerst so lustig sprenkelten. Theodor und mir gefiel das sehr gut, es gefiel uns wenig Erfahrenen noch eine ganze Weile, als das Kreiseln schon in ein Sausen und Sieden übergegangen war und die gefiederten Flocken sich in nebeldicht und fast waagerecht heranfauchende Eiskörner verwandelt hatten.

Zachäus hatte es von Anfang an nicht so gut gefallen wie uns. Ein einsamer Almsteig im Winter sieht sich anders an als im Herbst, und von diesem, wie er sich in der rasch sinkenden Dämmerung über zauntief verschneite Böden und Hochweiden zog, war bald überhaupt nichts mehr zu sehen. Aber Zachäus meinte, er kenne ihn wie seine Hosentaschen, doch wäre er froh, dass er schlauerweise eine Schaufel unter dem Giebel seiner Hütte verwahrt hätte, denn wenn das so weiterschneite, dann müssten wir uns erst einmal die Tür freischippen. Es schneite so weiter, und der Sturm machte uns schwer Bepackten nun doch zu schaffen. Darum war es längst Nacht geworden, als wir ziemlich ausgepumpt den Sattel erreichten, von dem aus eine unverfehlbare Schneise in geradem Fall zu der Hütte hinunterführen sollte. Es war aber nichts von ihr zu sehen da oben, doch stießen wir beim Herumtappen in dem ungewissen Dämmerlicht des Schnees auf etwas wie ein kleines Haus, nicht größer eigentlich als ein gemauerter Backofen. Wir leuchteten es an, da war es ein Bildstock aus Hausteinen mit dem hölzernen Jesusknaben hinter dem rostigen Gitter. Dem war Zachäus auf seinen Wegen im Herbst nie begegnet da oben, und deshalb eröffnete er uns, dass wir auf einen falschen Sattel geraten sein müssten, und dass nunmehr Dreck Trumpf sei. Er ist aber nicht Trumpf geblieben, denn wir kamen, wenn auch mühselig genug, den schrofigen Hang jenseits hinunter und von einem Holzplatz an seinem Fuß auf einem breit ausgeschlagenen Ziehweg zu einer Winterstube, einer Bleibe für Jäger und Holzfäller. Ein Laden ließ sich öffnen, wir stiegen ein und leuchteten mit den Taschenlampen herum; da war es nicht besonders wohnlich in der hölzernen Herberge, aber es schneite und stürmte doch nicht darin, und in einer Ecke entdeckten wir sogar zwei alte Strohsäcke. Der Quere nach lagen wir nach einer Weile selbdritt nebeneinander auf dem einen, und den andern nahmen wir über uns, wie die drei gerechten Kammmacher ihr eines Federbett. Wir plauderten sogar noch ein Weilchen, das heißt, Zachäus blieb stumm und schlief wohl schon, während der sonst so schweigsame Theodor noch immer von dem Kachelofen in seinem Atelier erzählte und von seinem französischen Bett.

Schon mit dem ersten Licht, das durch den Laden dämmerte, waren wir wieder auf den Beinen, denn halbwegs vor der grimmigen Kälte geschützt waren wir unter dem gemeinsamen Strohsack nur gewesen, wenn wir alle drei, wie in einem Hockergrab beigesetzt, mit angezogenen Knien möglichst unbewegt verharrten. Aber draußen blaute ein wolkenloser Morgen über der kalten, stillen Welt, und auf dem Sattel bei dem Bildstock oben begann der Schnee schon zu glitzern. Zachäus war als Erster im Freien und schrie, dass er schon heraus habe, wo wir hingeraten wären, und wies auf die mit ihrem zeltspitzen First unverkennbare Gipfelgestalt, zu deren Füßen jenseits er seine Hütte wusste. Aus den drei Stündchen, die er dort hinüber ankündigte, sind dann aber doch fast doppelt so viel geworden, denn der lockere Neuschnee trug noch nicht, und trotz den Brettern bis in die Knie hineintauchend, pflügten wir nur mühselig unseres Weges, Zachäus mit dem Weberbaum nach Zdarski vorauf.

Dennoch waren wir bester Dingc. Dic Luft, glasklar und eisig, aber ganz leicht, als perle sie ein wenig, in die Lunge zu trinken, machte uns so fröhlich. Das Rot der ersten Frühe auf dem Fels in der Höhe verwandelte sich in ein duftiges Silbergrau, und die Sonne, wenn sie auch nicht wärmte, machte auf dem weiß erstarrten Wogengefilde ringsumher Millionen von winzigen Gegensonnen aufblitzen. Da reute uns, jung wie wir waren, unter dem abgründig erblauenden Himmel die unwirtliche Nacht in der Winterstube längst nicht mehr. Zuweilen auch zog sich unsere Spur dichter an den Fels über dem schweigenden Wald heran; dann sahen wir das Eis in zuckerweißen, mannlangen Zapfenbündeln über seine Flanken niederhangen, und die Wölkchen von Schnee, die hier und da von den plötzlich und geheimnisvoll aufschauernden Zweigen stiebten, machten die Stille nur vernehmlicher. Nicht lange nach Mittag waren wir vor der Hütte angelangt, und Zachäus rühmte sich abermals hoch, dass er die Schaufel unter den Giebelbalken verwahrt, denn der Schnee hatte die Türe wirklich bis unter das Dach zugeworfen.

Behaglich sah es drinnen auf den ersten Blick auch nicht aus. Es war grabeskalt, die eisbezogenen, winzigen Fenster gaben nur ein trübes Licht, und bereifte Spinnweben hingen bis auf den Tisch herab, auf dem die Mäuse lange Wochen hindurch ihren Tanzplatz gehabt haben mussten. Aber trockenes Holz lag unter dem gemauerten Bogen, auf dem der mächtige Herd ruhte, es prasselte schon auf, als wir noch einmal vor die Türe traten, um den Quell aus dem Schnee zu graben, bevor es nachtete. Die letzte Sonne traf die aufblinkenden Hochgipfel jenseits des Tales, während die einsamen Höfe, weit verstreut über die Matten zu ihren Füßen, schon in grauen Dunst versanken. Nicht lange danach lagen wir noch einmal unter den Decken und erwachten erst, als schon tiefe Finsternis war; nur der Schein des sinkenden Feuers warf noch ein rötliches Licht an die Balken der niederen Decke. Da war es Zeit, Holz nachzulegen und die Kerzen anzuzünden, denn die Christnacht war gekommen. Beim Punsch, der aus den verbeulten Bechern dampfte, waren wir erst eine Weile still und schauten in die Lichter, und dann erzählten wir uns Geschichten. Es kam von selbst, dass Weihnachtsgeschichten daraus wurden, denn wie das Wachs der Kerzen so wohlig duftete und der Qualm von den Tannenzweigen, die wir an die Flammen hielten, durch den Raum zog, da spürte jeder ein Erinnern an die Tage, die in den Kinderjahren zu Hause immer die schönsten waren.

Es ging dann schon gegen die Mitternacht, als Zachäus an die Türe trat. Er legte die Hand auf die Lippen, aber wir vernahmen nichts, als wir zu ihm in die grimmige Kälte hinaustraten. Zinnern blinkte der Schnee im schwachen Sternenschein, schwarz standen die Tannen, und die Felsen gaben ein geisterhaftes Licht. Keine Luft ging, nur Stille, unbewegte Stille weit umher und hoch über uns. Und doch war da ein Ton. Es lispelte und rieselte kaum vernehmlich zu unseren Füßen, der Quellenmund flüsterte aus seinem geöffneten Schneegrab hervor. Dann sahen wir auf den Hügeln drüben rötliche Lichter sternengroß aufgehen, eines zuerst und dann immer mehr. Sie bewegten sich und verschwanden und traten dann wieder heller hervor. Zuweilen fuhr auch eines wie eine langsam dahinziehende Sternschnuppe rascher in die Tiefe, dort hatte sich wohl ein Bauernsohn mit seiner Laterne auf die Bretter gestellt und eilte den anderen voraus zur Christmette ins Tal. Jetzt vernahmen wir auch ein dünnes Läuten aus der Tiefe, dem von weither, verworren widerhallend wie ein fernes Echo, Antwort wurde. Dann war es wieder still wie zuvor, und auch die wandernden Lichter hatte eines nach dem anderen die Nacht zu unsern Füßen verschlungen.

Wir sind hernach noch eine Weile um unsere Lichter bei den Bechern gesessen, fröhlichen Mutes, nicht nur, weil wir uns auf unbeschwerte Tage hier oben freuten. Das

Zeitalter hatte es auch damals mit sich gebracht, dass wir uns vorkamen wie einem Abgrund entstiegen. Wir ahnten nicht, dass er sich fast ein Menschenalter danach abermals auftun und zwei von uns verschlingen würde. Ich will darum, wie sich auch jene unvergessliche Christnacht im Schnee wieder einmal jährt, diese Blätter der Erinnerung dem Andenken der Verschollenen zugedacht haben.

Weihnacht hinterm Totenholz

Luise Rinser

Dritter Kriegswinter. Mein Mann, mit dem Kreuz des Todesengels auf der Stirn, war an der Ostfront, ich war mit den Kindern nach Oberbayern zurückgekehrt, wohnte in einem armseligen Häuschen an der Salzach, wusste mich von der geheimen Staatspolizei überwacht, hatte am Morgen einen Brief mit der Todesnachricht eines unsrer Freunde bekommen, hatte am Nachmittag im Wäldchen hinter dem Haus eine kleine Fichte gestohlen und im Staatswald ein paar große Buchenscheite, und saß nun da in meiner Armeleute-Küche, dicht am Herd, in dem der nasse Torf glomm, die Kinder schliefen auf dem Sofa, es war später Nachmittag, zu trüb, um Strümpfe zu stopfen, zu wenig dunkel, um schon die kleine Petroleumlampe anzuzünden, elektrischen Strom gab es nicht in diesem Haus, und das Öl musste ich sparen. So saß ich denn und starrte aus dem Fenster über das Moor hin und hörte nichts als den Atem meiner Kinder und den Wind. Mir war schläfrig, aber ich hatte damals immer Angst vor dem Schlaf, ich träumte böse Träume. Ich träumte sie auch mit offenen Augen, Wahrträume, aber im Wachen konnte ich sie eher bestehen. So saß ich und dachte. Das Schreiben hatten sie mir verboten, das Denken konnten sie mir nicht verbieten. Ich dachte stark gegen jene, die mir das Denken gerne verboten hätten. Ich dachte, wie man sie töten könnte, indem man den einen, den sie Führer nannten, tötete. Die Wallner-Marie, Dorf-Sachverständige für Hexerei, hatte mich gelehrt, dass man jemand töten könne nach und nach, wenn man in jeder Neumondnacht seine Fotografie mit einer Nadel durchstäche in der Gegend des Herzens. Es war nicht Neumond, aber es bedurfte nicht unbedingt des Monds, der Nadel und des Bildes, und so dachte ich den Tod für jenen, der schuld war, dass Weihnachten geschändet war und dass ich gezwungen war, an Weihnachten zu morden. Ich war ganz allein mit meinem finsteren Geschäft und meinem zerquälten Gewissen, während ich friedlich dasaß, die Hände im Schoß, das Bild einer kuhsanften Mutter, die den Schlaf ihrer Kinder bewacht. Plötzlich hörte ich etwas, ein Auto, sehr weit weg, aber meine Angst hatte scharfe Ohren. Manchmal kamen sie an solchen Tagen, um einen abzuholen, den aus der Welt zu räumen ihnen dienlich schien. Aber mein Herz erkannte bald den Ton, das Tuckern des uralten Motors: Das war das Auto des Doktor Friton aus Laufen, der, weil nicht gesund, nicht in den Krieg musste. Ich schaute aus dem Fenster, aber zu sehen war da nichts als das Totenholz, ein Waldstrich, der mich vom Dorf trennte. Er hieß so, weil dort, zu Füßen eines großen Holzkreuzes, Totenbretter staken, sarg-brettähnliche Holztafeln, die den Namen eines Toten trugen. Es gab viel frische Bretter dort in jenen Jahren. Jedermann, der zu mir wollte, musste durchs Totenholz. Aber es wollte selten jemand zu mir. Ob der Doktor zu mir wollte, war noch nicht sicher, er konnte auch, eilig wie er immer war, zu irgendeinem der weit verstreut liegenden Gehöfte wollen. Aber das Auto hielt. Der Doktor im schäbigen Mantel mit ausgebeulten Taschen, verfroren, ingrimmig heiter, kam herein. Die Kinder wachten auf, freuten sich über den Besuch, ich machte Licht, drehte die Flamme verschwenderisch hoch und legte ein Buchenscheit in den Herd. Der Doktor packte aus. Was alles in diesen Taschen Platz fand! Ein Stück Butter, Bauernbutter, Äpfel, kleine rote, die Christbaumäpfel hießen, und Nüsse, und ein Stück schwarzgeräuchertes Fleisch, schwarz geschlachtet wohl auch, und ein Tütchen Bohnenkaffee. Er wurde statt mit Geld mit derlei Köstlichkeiten bezahlt. Ich kochte Kaffee, die Kinder traten die Nüsse auf, das Buchenscheit knatterte, der Kaffee duftete, ich strich Butterbrote – welches Leben, welche Herrlichkeit! Ich tötete nicht mehr, ich durfte reden, der Doktor war verschwiegen und einer Meinung mit mir, wir waren unser sicher, und das tat gut, das war fast Inbegriff von Glück. Es war Krieg, ja, die Zeit war furchtbar, man starb so hin in Gasöfen und Bombennächten und Granatenfeuern, und die Wände hinter unsern Betten schimmelten vor Feuchtigkeit, und die geheime Staatspolizei spionierte mich aus, und die Kinder hatten keine festen Schuhe, ja, das alles war bitter, aber nun gab es doch auch dies: einen kleinen warmen Kreis um die Lampe, ein Herdfeuer, die Kinder, einen Gleichgesinnten, das Gespräch und den Geist, immer noch den Geist, der dem Bösen widerstand, und die sorgende Liebe, und Weihnacht, das Fest der absurdesten aller Hoffnungen, jener auf Frieden.

Der Koffer

Peter Härtling

Koffer guckt man im Allgemeinen nicht genauer an. Leute tragen sie herum, reisen mit ihnen. Manche Koffer sehen schön aus, sind aus glattem Leder, manche sind abgewetzt, fallen beinahe auseinander. Im Märchen gibt es Zauberkoffer; in der Wirklichkeit gibt es sie nicht.

Der Koffer, den Georg neben sich herschleifte, war für ihn zu schwer, aber wichtig. Georg war zehn Jahre alt, reiste mit seiner Mutter, seiner Schwester und seiner dauernd mürrischen Großmutter ins Ungewisse. Damals, 1945, reisten viele Leute ins Ungewisse. An einem Ort, den sie vorher nicht gekannt hatten, kamen sie dann an und richteten sich ein.

Sie waren noch nicht angekommen. Sie fuhren in einem Zug, von dem man sich heute keine Vorstellung mehr machen kann: Er bestand aus lauter Güterwaggons, in die Menschen gepfercht waren. Und das für Wochen. Wer Glück und Kraft hatte, konnte sich einen Platz zum Liegen erobern. Die anderen saßen Tag und Nacht mit angezogenen Knien auf den Holzbrettern und warteten darauf, irgendwann aussteigen zu können.

Der Zug hielt des Öfteren auf den Abstellgleisen größerer Bahnhöfe. Sehr viele Bahnstationen waren von Bomben getroffen, ein Teil der Gleise war aufgebrochen, es sah aus, als führten die Schienen, von der Hitze und den Detonationen gebogen, in den Himmel. Sie hielten auf dem Bahnhof von Landshut. Jemand sagte, heute ist Heiligabend. Die Leute, die seit zwei Wochen unterwegs waren, hatten es vergessen. Sie hatten nicht vergessen, dass es Winter war, denn sie froren Tag und Nacht und konnten sich nur aneinander wärmen.

Georg sprang aus dem Waggon, lief die Böschung hinunter, rutschte aus, fiel hin, blieb im Schnee liegen und sah im Fenster eines Hauses, das entfernt und einzeln stand, einen Weihnachtsbaum. Er konnte sich nicht denken, dass irgendjemand auf dieser Welt in einer warmen Wohnung Weihnachten feierte. Er hasste die Leute, die die Kerzen an dem Baum angezündet hatten, stellte sich vor, dass Kinder Geschenke auspackten, und wünschte sich, sie verprügeln zu können.

Ein paar der älteren Leute fingen an, „Stille Nacht" zu singen. Er wollte das Lied nicht hören, stopfte sich die Finger in die Ohren. Für ihn gab es kein Weihnachtsfest, der Zug war kein Ort dafür, auch das Gleis am Rande des Bahnhofs nicht. Nur wusste er jetzt, dass es selbst zu einer Zeit, da fast alle unterwegs waren und nichts hatten, Menschen gab, die in Häusern wohnten und Weihnachten wie früher feierten. Ihn entsetzte diese Ungerechtigkeit. Er erwartete, dass eine Bombe auf das Haus falle.

Seine Mutter rief ihn und sagte, er solle den Koffer aus der Ecke des Waggons holen, seinen Koffer, sie habe etwas hineingepackt, über das er sich freuen werde. Er weigerte sich, sagte: „Ich habe keine Lust, mich zu freuen. Lass mich in Frieden."

Seine kleinere Schwester sagte: „Aber ich will mich freuen." Er zerrte den Koffer aus der Ecke, traf mit einem Knie Schlafende, wurde beschimpft und gestoßen. Sie setzten sich in einem Kreis um den Koffer, die Mutter öffnete ihn, kramte unter Kleidern und Wäsche und holte ein Hindenburg-Licht heraus. Solche Lichter gibt es heute nicht mehr, und man würde sie wahrscheinlich nicht mehr so nennen. Es waren flache Schälchen aus Pappe, in die um einen Docht Wachs gegossen war. Sie brannten unendlich lange, mit sehr kleiner Flamme. Die Mutter hatte keine Streichhölzer und musste eines erbetteln. Sie zündete die Kerze an, griff noch einmal in den Koffer, zog einen Schal und Handschuhe heraus. Den Schal gab sie ihm, die Handschuhe seiner Schwester. Die Großmutter sagte: „In Bethlehem war es gemütlicher."

Sie sangen nicht, es bildete sich ein Kreis um das Licht, man sah zu, wie es im Luftzug flackernd brannte. Georg schaute hinüber zu dem Fenster. Es war ihm jetzt gleichgültig. Er fand, dass Weihnachten, wie es früher war, nicht mehr sein konnte. Er fror, wickelte sich den Schal um den Hals und freute sich über die Wärme.

Der Weihnachtsengel

Reinhard Pozorny

Fragt man mich, was ich mir heuer zu Weihnachten wünsche, dann muss ich offen sagen, es ist der gleiche unerfüllt gebliebene Wunsch seit dem Jahre 1945: Ich möchte meinen Weihnachtsengel von 1945 wiedersehen!

Es war in den nasskalten Winterwochen der Vorweihnachtszeit jenes Schreckensjahres, da Millionen Menschen ihre ganzen Hoffnungen und ihren Glauben begraben hatten und ihres Glücks und ihrer Heimat beraubt worden waren. Fast täglich kam in Furth im Walde einer jener grauenhaften Viehtransporte an, bei denen zu Hunderten „human ausgesiedelte Menschen" zusammengepfercht und halb verhungert verladen wurden, während in den Lagern sich zu Tausenden jene Menschen zusammenballten, denen man selbst das Letzte, das der Mensch besitzt, geraubt hatte: die Menschenwürde. Vor den Wirtschafts- und Flüchtlingsämtern standen sie Schlange, blass, hungrig, mit kaltem Herzen und brennend heißen Augen. Immer neue kamen hinzu, kamen aus dem Nebel und verloren sich im Nebel: Strandgut eines verlorenen Krieges.

Ich selbst war nach langen Irrfahrten vorübergehend bei meiner Familie in einem bayerischen Stadtranddorf gelandet, wo uns sechs Personen 15 Quadratmeter Wohnraum aufnahmen. Wir lebten von 75 Gramm Fett im Monat und dem, was an Kalorienmindestmaß jenen verblieb, die kein Talent zum Schieben und keine Beziehungen zur Erlangung einer halbwegs erträglichen Ernährungsgrundlage hatten. Die Kinder blass und fröstelnd, die Frau an einer typhusartigen Erkrankung, die man früher lakonisch als Hungertyphus bezeichnet hätte, im Krankenhaus, so näherte sich der Weihnachtsabend.

Zwischen Furcht vor der Zukunft, für die jeder Vergleichsmaßstab fehlte, zwischen Trotz und Aufbäumen gegen etwas längst Geahntes, aber nie Geglaubtes, zwischen Leid und Sehnsucht nach etwas Wärme und verloren gegangener Menschlichkeit, ging ich am Vorabend des 24. Dezember bei anbrechender Dämmerung durch die Straßen dieser mir damals fremden und, wie mir anmutete, feindlich verschlossenen Stadt.

Die Auslagen waren kümmerlich. Die Menschen eilten ohne aufzublicken vorbei. Abweisend und kalt schienen die verschlossenen Fenster mich Fremden auszuschließen von der wohligen Wärme, die den Menschen umschlingt, solange ihm ein Daheim beschieden ist. Wie es kam, weiß ich heute nicht mehr. Ich stand in einer Nebengasse vor einem Bäckerladen und blickte versonnen auf die durch Holzläden ergänzte Geschäftsauslage, hinter der einige Brotlaibe lagen. Ich kann nicht leugnen, ich hatte auch damals das in diesen Monaten vorherrschende Gefühl des Hungers.

Da fuhr mir jemand sacht über den Ärmel ... ein Irrtum sicher ... mich kennt hier doch kein Mensch! Es war aber kein Irrtum. Eine alte Frau stand neben mir und drückte mir ein kleines Stück Papier in die Hand: „Ich hab auch einen g'habt, so wie Sie ... hab auch alles verloren ... wir müssen alle die Zähn' z'sammbeißen ...", so klang es in echtem bayerischen Dialekt halblaut an meine Ohren.

Ich murmelte etwas dazu, dann war die alte Frau verschwunden. Geblieben war meiner Erinnerung ein gütiges, von weißen Haaren umrahmtes, von Leid durchfurchtes Antlitz, geblieben war ein Hoffnungsschimmer von zwei Augen voll reinster Menschlichkeit und – um es vollständig zu sagen – zwei Brotmarken in meiner Hand. Und damals erkannte ich, dass der Mensch, wenn er am allerärmsten und kummervollsten ist, am empfänglichsten wird für das Wunderwerk des Weihnachtszaubers, das Wunder von der immer wiederkehrenden Wiedergeburt des Guten auf diese Welt.

Seit diesem Vorfall ist es auf und ab mit mir gegangen, sehr viel ab und manchmal auch auf. Wenn es einmal ganz schlecht war, dann habe ich namenloser, sudetendeutscher Heimatvertriebener die alte bayerische Frau neben mir gesehen, deren Sohn irgendwo in meiner Heimat begraben liegt, und habe aus einem Zufall, der gar keiner ist, erkannt, dass „alles Vergängliche nur ein Gleichnis“ ist.

Wenn ich seither nach meinem Weihnachtswunsch gefragt werde: Ich möchte diese alte Frau, deren Namen ich nie gekannt und die ich nachher nie mehr gesehen habe, wiedersehen. Ich möchte ihr danken!

Nicht nur für die zweitausend Gramm Brot, die sie mir schenkte und die einer ganzen Familie über die Feiertage geholfen haben, sondern vor allem dafür, dass ich durch sie über Hass und Gram, über Verzweiflung und Grauen hinweg den Glauben an die Menschheit wiedergefunden habe.

Sternsinger-Lied

Die Heiling Drei Kini mit ihrigem Stern
will i enk besingen, ihr Frauen und Herrn!
Ihr Stern gab allen den Schein,
ein neues Jahr geht uns herein.

Sie wallfahrten aus ihren Dörferl heraus,
der Melcher, der flankelt die Fahnstang voraus –
und bitten und singen gar lobesam
sambt dritter des Kyrieleison.

Beim König Herodes, wia s'kemma vors Haus,
da schaut der Kalfakter zum Gutzerl heraus.
Herein, ihr Zigeuner, herein!
Der Stern geit ihnen den Schein.

Herodes hofiert sie mit Branntwein und Bier,
sie sprachen: „Wir suchen a Kiniglein hier,
ein Kiniglein ist uns geborn,
sunst geht uns der Himmel verlorn!"

„Geht, suchet zu Bettelheim's Kiniglein dort,
und findet ihrs Kiniglein, zeigt mir den Ort,
dann geh i dahin aa wallfahrtn."
So wollt er die Schelmerei kartn.

Ein Englein aber verwittert den Wind:
Versteckts vorm Herodes das himmlische Kind,
der Schelm würd den Kreuzweg abbeten
und 's Kiniglein martern und töten!

Sobald als sie kamen zum Falltor hinaus,
gugt wieder der Stern aus der Wolkn heraus
und führt sie hinab auf das Mösl,
ins Kripperl zum Ochsn und Esl.

Dort hören sie Gloriasingen darinn
und san ihna machti viel Engl daschien,
Maria legts Kindl in die Wiagn,
Sankt Joseph verwadelt die Fliagn!

Raps ziagt Kini Hausl die Geldbladern raus,
Sankt Melcher, der opfert an Miarachnstrauß,
Sankt Kaspar drei Pfund Hexnrauch,
da lächelt das Kindlein schlauch.

Maria und Joseph, jetzt pfüat enk halt God,
hüats enk vorm Herodes, sunst is 's Kindl tot!
Mir müassn jetzt hoamzua, ja leider –
und wandern ins Morgenland weiter . . .

Die Raumfahrer vom Schliersee

Hugo Hartung

Sie waren gute Freunde – der Hansl, der Otto und der Wastl. Otto war der Älteste, zwölf, und Wastl der Jüngste, acht Jahre alt. Genau dazwischen lag der Hansl. Und obwohl sie im Alter so verschieden waren, hielten sie zusammen wie Pech und Schwefel. Im Ort wurden sie nur „die Heiligen Drei Könige" genannt, weil sie nach Weihnachten, schön kostümiert und mit goldenen Pappkronen, von Wohnung zu Wohnung und durch die Gasthäuser gingen. Sie klopften mit ihrem Sternenstab auf den Boden und sangen das Dreikönigslied. Danach wünschten sie artig dem Herrn und der Frau oder der ganzen Familie ein gesundes Jahr und bekamen ein Geldstück, ein Stück Christstollen oder anderes Weihnachtsgebäck.

Geld war ihnen am liebsten. Der Otto hatte nämlich einen ganz großartigen Plan. Er wollte Weltraumfahrer werden. Das hatte er auch schon dem Lehrer gesagt. Als er nämlich einmal in der Schule zählen sollte, hatte er angefangen: „Zehn – neun – acht – sieben" – und so weiter.

Die anderen Buben lachten, und der Lehrer fragte: „Ja, Otto, was ist denn heut mit dir?"

Da lachte auch der Otto und sagte: „Mei, jetzt bin i in' Kaunt-daun neikemma." Und dabei kam halt heraus, dass der Bub sich für alle Astronauten interessierte – die amerikanischen und die russischen –, und dass er immer vor dem Bildschirm hockte, wenn im Fernsehen ein Raketenstart oder ein Flug durch den Weltraum gezeigt wurde.

Und er selbst wollte, wenn er einmal alt genug wäre, Raumfahrer werden. Der Hansl und der Wastl sollten zu seiner Mannschaft gehören. Mit denen verstand er sich am besten, und als Heilige Drei Könige konnten sie eine ganze Menge Geld verdienen, bis es einmal so weit wäre.

Es sollte die erste bayerische Weltraumrakete werden, und Otto meinte, man müsste von der Spitzing aus starten.

Da könnten sie sich ein ganzes Stück Anflug sparen, weil sie schon über 1000 Meter hoch wären.

Der kleine dicke Wastl war gleich einverstanden. Er konnte sich unter einer Rakete nichts Rechtes vorstellen. Im Winter war er mit seinem Vater in einem Flugzeug mitgeflogen. Wenn es sehr kalt war und der See zugefroren, machten immer zwei Sportflugzeuge Rundflüge über die Berge. Da hatte Wastls Vater einmal seinen Buben mitgenommen, und dem hatte das sehr gefallen, weil man die Skiläufer auf der Spitzing von oben und ganz nahe sehen konnte.

Und von dort oben mit einer Rakete noch höher hinaufzusteigen, war sicher ein großer Spaß. Übrigens musste der Wastl als Jüngster beim Dreikönigssingen den Balthasar machen, weil die größeren Buben keine Lust hatten, sich jeden Abend als Mohrenkönig schwarz anzuschmieren.

Schwierig wurde es für das Raketenunternehmen nur mit dem Hansl. Er hätte schon gern mitmachen wollen, weil es ein so schönes Abenteuer war und er gern wissen wollte, wie die Heimat aussah, wenn sie so ganz klein wurde wie auf der Landkarte. Das hatte ihm der Otto versprochen. Und es müsste herrlich sein, zwischen den Sternen herumzukutschieren und genau nachzuzählen, wie viel Zacken jeder hatte.

Aber Hansl hatte einfach Angst. Wer weiß, ob der Otto im richtigen Augenblick auf die Bremse träte. Dann müssten sie mit ihrer Rakete immer weiterfliegen, und vielleicht landeten sie auf einem Stern, wo die Menschen den Kopf unten und die Füße oben hatten. Und die sprachen womöglich eine Sprache, die noch viel schwerer war als Hochdeutsch, wo er schon immer so viele Fehler im Diktat machte.

Der Otto meinte, vielleicht müsste er ihn im letzten Augenblick doch noch gegen einen anderen Buben austauschen.

Je älter er wurde, umso mehr fing Otto mit den Vorbereitungen für den Raketenstart an. Er hatte immer

Angst, die Schwaben oder die Rheinländer könnten den Bayern zuvorkommen.

In der gemeinsamen Kasse hatten die Buben schon 27 Mark und 50 Pfennig. Aber das war natürlich viel zu wenig, weil man doch wusste, wie teuer so eine Rakete ist. Deshalb fing er in diesem Jahr auch schon im November mit dem Dreikönigssingen an und dehnte die Gastspiele bis Miesbach und Bayrischzell aus.

Dem kleinen Wastl erlaubten es seine Eltern noch nicht, schon so früh mitzutun, aber das störte die beiden andern Buben wenig. Sie sangen vor den Wohnungstüren tapfer: „Wir sind die drei König'", und wenn ihnen jemand sagte: „Ihr seid's ja bloß zwoa", dann antworteten sie: „Der Balthasar is krank."

Manche Leute waren auch bös, wenn Hansl und Otto schon im November ein gesundes neues Jahr wünschten. Aber dann sagten sie, nach Weihnachten liefen so viele Heilige Drei Könige herum, dass es nichts Besonderes mehr wäre. Und eine gute Gesundheit könnte man vor dem Christfest erst recht brauchen. Dann lachten die Leute und gaben ihnen doch etwas.

Aber die Buben versuchten sich auch auf andere Weise Geld zu verdienen. Sie trugen den Hausfrauen, die vor dem Fest schwer beladen waren, ihre Packerln nach Haus. Oder sie halfen den Kaufleuten, ihre Spankörbe mit den Orangen und Mandarinen aus dem Geschäft schleppen oder putzten vor dem Gasthof einem Fremden die Autoscheiben blank. Manchmal bekamen sie dafür bloß ein Dankeschön oder Vergelt's Gott, aber sie kriegten auch manches Zehnerl oder Fuchzgerl für die gemeinsame Raketenkasse.

Hansl war besonders gut daran, weil sein Vater bei der Seilbahn angestellt war, und da konnte man immer einmal einem Fremden die Brettln oder die Koffer in die Kabine heben oder Flaschenkörbe und Kästen mit Lebensmitteln verstauen helfen. Darum brachte Hansl am meisten Geld zum Otto, der natürlich als Ältester die Kasse verwaltete.

Am Heiligen Abend, als die Geschäfte schon mittags zumachten, war der Hansl rechtschaffen müd und wünschte sich von den Feiertagen dasselbe wie viele Erwachsene: lang schlafen und seine Ruhe den Tag über. Aber weil er von jeher ein Träumer und Spintisierer gewesen war, fiel ihm plötzlich etwas ein: Eigentlich müsste er doch dem Otto vorschlagen, wenn sie einmal ihre Rakete starten würden, müsste es am Heiligen Abend geschehen. Dann könnten sie auf der Erde Millionen von Christbäumen in den Häusern und auf den Straßen brennen sehen – das müsste wunderschön ausschauen.

Dabei hatte er das noch nicht einmal, von der Seilbahn aus, in den Orten um den Schliersee gesehen, weil die Bahn ihren Betrieb am Weihnachtsabend schon vor Dunkelwerden einstellte. Und wie der Hansl darüber nachdachte, meinte er, eigentlich möchte er das heute noch erleben: beim Hinauffahren mit der Bahn auf den Lichterglanz rund um den See hinunterzuschauen.

Wie, wenn er einmal ganz allein zur Bergstation hinaufführe? Er wusste, wo der große Schlüsselbund vom Vater hing, und wusste auch ein bisschen, mit welchen Knöpfen der Talstation die Kabine in Fahrt gebracht wurde. Es war ein großes Abenteuer, aber sicher war es gut, das zu wagen. Dann würde wenigstens der Otto sehen, dass er Mut hatte, und ihn später doch mit auf seinen Flug nehmen. Und sicher wäre es auch ein gutes Heilmittel gegen seine Angst.

Es war gar nicht schwer für den Hansl, an den Schlüsselbund heranzukommen, weil die Eltern am Nachmittag noch nicht daheim waren. Er wusste ganz genau, was man mit jedem einzelnen Schlüssel machen musste: mit welchem man die Tür zur Talstation aufschloss, welches der Kabinenschlüssel war und wie man die Kabine in Gang setzen konnte.

Mit dem Bund in der Hand rannte er auf Seitengassen durch den Ort – er wollte möglichst nicht gesehen und erkannt werden. Um die Talstation herum war es sehr still. Kein Auto wartete auf dem großen Parkplatz. Erst morgen würde es da wieder lebendig werden. Aber bis dahin wollte Hansl ein großartiges Erlebnis haben.

Die Tür zum Stationshäuschen ließ sich leicht öffnen. Der Bub machte kein Licht, damit es den Nachbarn nicht auffiel, dass um diese Stunde jemand in der Station war.

Mit einem Vierkantschlüssel machte er sich an der Schalttafel zu schaffen. Ein rotes Birnchen fing zu leuchten an. Hansls Herz klopfte. Dann schloss er die Kabinentür auf und rollte sie zur Seite. Das gab mehr Lärm als ihm lieb war. Wenn ihn bloß keiner in der Nachbarschaft hörte ...

Er hielt den Atem an und lauschte. Irgendwo läutete eine Glocke. Das war gut. Dann hörten die Menschen ihn nicht hantieren. Jetzt galt es nur noch einen Knopf oben an der Stirnwand der Kabine zu drücken – das hatte der Bub oft genug vom Vater gesehen. Dann würde sich die Kabine in Bewegung setzen, und je höher sie hinaufglitte, umso wunderbarer würde das weihnachtliche Bild für ihn werden.

Hansl drückte auf den Knopf. Nichts geschah. Kein Lichtlein leuchtete auf. Irgendwo musste da noch etwas gemacht werden, was er nicht wusste. Er lief wieder hinaus an die Schalttafel. Nun war auch das rote Lämpchen wieder erloschen. Ein Hebel war da, den er bei aller Kraftanstrengung nicht betätigen konnte. Er riss und schob daran. Der Schweiß lief ihm über die Stirn – er schaffte es nicht.

Hansl meinte sich auch zu erinnern, dass der Vater jedes Mal vor der Abfahrt mit der Bergstation telefonierte. Aber was hätte es ihm geholfen, dort hinauf zu läuten, wo doch um diese Stunde niemand war. Außerdem hätten sie droben von seiner tollkühnen Absicht erfahren, und alles wäre aus gewesen.

Nach einer Weile fühlte der Bub, dass er todmüde war – vor Anstrengung und natürlich auch aus Verzweiflung. Nichts wurde aus seinem schönen Plan – ein anderer würde für ihn in der Rakete von der Spitzing starten.

Er fing zu weinen an und setzte sich auf das Bänkchen in der Kabine. Sein Kopf wurde schwer. Plötzlich fühlte er, dass die Kabine sich in Bewegung setzte. Sie schwebte wunderbar leicht den Berg hinan. Der Schnee drunten glitzerte, und überall war Licht. So viel Licht – man musste die Augen ganz fest schließen.

Plötzlich hörte er eine Stimme sagen: „Wir sind gestartet. Sind eure Raumanzüge in Ordnung?“ Das war die Stimme vom Otto.

„Ja“, sagte Wastl, der schwarz im Gesicht war und die Pappkrone vom König Balthasar trug.

„Ja, san mir denn wirklich in der Weltraumraketen?“, fragte der Hansl verwundert, denn eigentlich sah das alles genau so aus wie in der Seilbahn vom Vater.

„Ja, klar“, antwortete der Otto, „hast denn den Kauntdaun net g'hört?“ Nichts hatte der Hansl gehört. Er war nur glücklich über das wunderbare Gefühl, zu schweben, immer höher hinauf.

„Jetzt san mir schon über Otterfing ...“

„Da wohnt ja mei Onkel Erich und die Tant Margret. Derf i winken?“, fragte Hansl.

„Geh, du spinnst ja“, sagte Otto, „mir san doch jetzt luftdicht verschlossen.“

Als das der kleine Wastl hörte, fing er zu weinen an. „I mecht net luftdicht eing'sperrt sein“, sagte er, „i mecht aussa.“

„Des hätt'st dir früher überleg'n müssen“, meinte Otto streng, „jetzt fliag'n mir z'erscht amal zum Himmel nauf und rund um die Welt.“

Und obwohl das dem Hansl auch nicht ganz geheuer war, sagte er: „Geh, Otto, lass doch den Buam naus.“

„Mir könnten ja an Ausstieg macha“, antwortete der, „des tean die Astronauten von dene Amis und Iwans auch. Aber da müass'n ma uns dazuahalten. Jetzt kimmt glei München, und da kann der Wastl höchstens noch auf oan von de Frauentürm' umsteig'n. Hoffentlich steh'ns noch, weil ja die Münchna wegen dera U-Bahn ois umgrab'n ...“

Aber da kamen schon rasch und riesengroß die Türme heran, und die kupfernen Hauben schimmerten im Mond- und Sternenlicht. Hansl meinte, man sollte doch den Wastl sich einfach an einem Uhrzeiger von der Turmuhr festhalten lassen.

Aber Otto sagte: „Geh, du spinnst. Da wird ja dem Buam schlecht, wenn der mit dem Zeiger Karussell fahrt. Der soll si aufs Turmdach naufhocka – da siacht ma'n auch am besten, wann mir zruckkemma . . ."

In dem Augenblick war die Rakete ganz nah am Turm dran, und der Otto und der Hansl mussten den Wastl schnell hinausspedieren, damit er auf den Turmrand umsteigen konnte. „Geh, halt di nur fest ein", rief ihm Otto zu, „wann mir um die Erden herum san, hol'n mir di wieder ab."

Dem Hansl gefiel das gar nicht. „Hast ka Angst, Wastl?", fragte er besorgt.

Aber der Bub mit dem schwarzen Gesicht und der goldenen Pappkrone auf dem Kopf sagte: „Liaba da heroben als wia da drin . . ." Dann winkte er zum Abschied mit seinem weißen Königsmantel, der aus einem alten Nachthemd bestand.

„Ma soll halt koane kloan Kinder zu so was mitnehma", sagte Otto und machte die Luke wieder dicht. Es war sehr viel Kälte hereingekommen, und Hansl fror erbärmlich. Aber er wollte sich's nicht anmerken lassen und gab sich recht tapfer.

Als Otto jedoch rief: „Jetzt fahr'n ma pfeigrad in Himmi nauf", wurde ihm doch ziemlich elend zumut, und er wäre am liebsten auch auf irgendeinen Turm umgestiegen. Aber dazu war's zu spät.

Jetzt fing es um die beiden Buben herum überall zu funkeln an, und Otto sagte, sie wären schon mitten unter den Sternen. Die Sterne waren riesengroß, noch größer als die vom Warenhaus in Miesbach, und man konnte wirklich genau alle Zacken nachzählen. Und noch viel größer war der Mond über ihnen. Aber es war nur ein zunehmender Viertelmond, und Otto meinte, da wollten sie lieber nicht zu landen versuchen, weil man doch nicht so recht wissen könnte, ob dort auch noch genug Platz für eine Rakete wäre.

In dem Augenblick zischte etwas Glänzendes an ihnen vorüber, schnurstracks der Erde zu. „Ja, was war denn jetzt dös?", fragte Hansl.

„I glaub, das war das Christkindl, das zur Bescherung auf die Erden fliegt“, sagte Otto.

„Ja, is denn schon so spät?“, fragte der Hansl weiter, „dann müass'n mir ja auch z'ruck nach Schliersee, sonst gibt's am End nix mehr für uns.“

Da tauchte wieder ein leuchtendes, glitzerndes Fahrzeug von oben auf, das vollgepackt war mit bunten Paketen, die alle mit Goldfäden verschnürt waren.

Der Weihnachtsmann! Aber vor seinem Schlitten waren keine Hirsche oder Rentiere gespannt, wie man das manchmal auf Bildern sieht, sondern er fuhr ganz von selbst.

Der Otto kurbelte das Fensterl ein wenig herunter – es wurde immer kälter in der Kabine –, und dann rief er: „Sie, Herr Weihnachtsmann, was ham Sie denn da für an Motor?“

„Nix Motor“, sagte der alte Herr freundlich, „Raketen!“

„Ja wirklich?“ Dem Otto verschlug's vor Staunen beinah die Rede.

„Wir haben uns halt auch umstellen müssen“, sagte der Weihnachtsmann, „die Menschenkinder nehmen so zu. Da kämen wir ja sonst gar nimmer herum. Das Christkind ist auch schon auf einer Rakete hinuntergefahren.“

„Hab ich's net g'sagt“, rief Otto triumphierend. „Aber ich geb euch einen guten Rat“, sagte der Weihnachtsmann, „macht eure Bremsraketen fertig. Jetzt kommt gleich die Milchstraße, und der Wetterbericht vom Petrus hat gemeldet, es wird sehr kalt, und wenn die Milch gefriert, gibt's Glatteisgefahr.“

„A geh! Unser Wetterbericht auf da Erd'n stimmt auch nie“, rief Otto zum Weihnachtsmann hinüber. Aber der zündete gerade eine neue Raketenstufe und sauste in die Tiefe.

Der Otto hätte schon auf den Weihnachtsmann hören sollen. Denn bereits im nächsten Augenblick waren alle schönen Glitzersterne am Himmel verschwunden, und vom Kabinenfenster rannen dicke weiße Tropfen herunter.

„Mei", rief Otto, „lauter Milch, nix wie Milch! I siach scho glei gar nix mehr." Jetzt hatte er also auch Angst.

„Wann mir bloß net gegen den Butterberg renna", rief Hansl verzweifelt.

„Butterberg? Wo soll denn der sein?", fragte Otto.

„I woaß a net", antwortete Hansl, „aber der Vater hat's aus der Zeitung vorg'lesen: Es gibt einen riesengroßen Butterberg ..."

Eh er noch recht ausgesprochen hatte, gab es ein Krachen und Kreischen. „Hilfe!", rief Hansl.

Und dann hörte er die Stimme seines Vaters, der mit so viel Lärm die Kabinentür aufgerissen hatte. „Bua, was is denn? Was tust denn da herin in der Kabin? Die Mutter is fast g'storb'n vor Angst."

„Mir war'n doch als Astronauten im Weltall", sagte Hansl, der sich noch immer nicht zurechtfand, „und auf der Milchstraßn hat's uns am Butterberg derwischt ..."

„Gott sei Dank, dass i di derwischt hab", sagte der Vater, „es is ja höchste Zeit zur Christmettn."

„Aber der Wastl sitzt doch noch in München aufm Turm", rief Hansl verzweifelt.

„Ja, Hansl, was is denn mit dir?", fragte der Vater jetzt ganz besorgt und fühlte die Stirn seines Buben an. Aber der hatte kein Fieber. Seine Stirn war kühl, eher kalt.

Und jetzt erzählte ihm der Hansl, was er auf seiner Erdumkreisung alles erlebt hatte. Ganz konnte er noch immer nicht begreifen, dass das alles nur ein Traum gewesen sein sollte. „Is der Wastl wirkli dahoam?", fragte er sicherheitshalber noch einmal.

„Net dahoam, aber in da Kirch'n bei der Christvesper", sagte der Vater, „und mir müass'n uns eil'n, dass mir's noch rechtzeitig derwischen."

Da rannten Vater und Sohn von der Talstation der Bergbahn hinunter durch die stillen Straßen von Schliersee. Auf dem nächtlichen Friedhof brannten auf den Gräbern viele kleine Christbäumchen, die den Schnee darunter glitzern ließen.

Und als Vater und Sohn durch die Kirchtür eintraten,

mussten sie die Augen schließen, so leuchteten und glänzten die vielen Kerzen. Die Orgel spielte, und der Kinderchor sang ein altes Hirtenlied aus dem Gebirg. Hansl hörte ganz deutlich die Stimme von seinem kleinen Freund Wastl heraus, und jetzt wusste er genau, dass der nicht auf dem Frauenkirchturm in München saß.

Da atmete er tief und glücklich auf, denn der Christnachtzauber in der Heimatkirche war noch viel schöner als all der Sternenglanz am Himmel. Vorläufig hatte er keine Lust mehr zu Weltraumfahrten.

Sein Abenteuer, das er noch in den Weihnachtstagen dem Otto und dem Wastl erzählte, sprach sich im Ort bald herum, und die Leute am See hießen ihn „den ersten bayerischen Astronauten."

Darauf war der Hansl dann sogar ein bisschen stolz.

Der echte Dreikönigszug

Edmund Johannes Lutz

Lange Zeit hatten wir uns nicht darüber einigen können, wer nun eigentlich den Mohren darstellen dürfe; denn den Spaß, mit rußgeschwärztem Gesicht von Haus zu Haus zu gehen, wollte sich keiner von uns entgehen lassen; schließlich hatte ich den Gedanken aufgebracht, dass nur jener einen würdigen Mohrenkönig abgebe, der mit dem schwarzen Gesicht auch ein entsprechend königlich-afrikanisches Kostüm vorzuweisen habe, und so kam es, dass Willi freiwillig zurücktrat und sich für die Rolle des Königs Melchior entschied, zumal er als Oberministrant bereits das Rauchfass bediente und leicht echten Weihrauch beizubringen wusste, ohne den nun einmal König Melchior nicht zur Anbetung des Kindes ausziehen darf.

So stand die Wahl, wer als König Kaspar und wer als Balthasar die Reise nach Bethlehem antreten werde, nur noch zwischen dem Karrer Hans und mir offen; und es hätte nicht viel gefehlt, so wäre ich als schwarzer König daraus hervorgegangen, weil ich den Rest einer roten Fahne, die ich auf unserem Dachboden gefunden hatte, als besonders kleidsames und majestätisches Kostüm aufweisen konnte. Aber da fiel die entscheidende Frage: „Hast du auch eine Myrrhe?"

Der Karrer Hans hatte diese Frage natürlich nur gestellt, um Zeit zu gewinnen; denn was eine Myrrhe sei, wusste er ebensowenig wie Willi oder ich.

Damit waren wir mit unserer Beratung am toten Punkt angekommen; und weil keiner von uns dreien auch nur irgendeinen Ersatz für eine Myrrhe vorschlagen konnte, brachen wir unsere Sitzung hinter dem Opacher Stadel ab und vertagten unsere Besprechung auf den nächsten Abend.

Als ich nach Hause kam, wurde bereits das Abendessen auf den Tisch gestellt: Ich stierte in die Schüssel, ohne zu sehen, was darin dampfte, ich aß wenig und hastig, sodass man mich mit misstrauischen Augen musterte. Und kaum war das Gebet gesprochen, machte ich mir in einem Wandschränkchen zu schaffen, darin ich zwischen Wollknäueln und Zeitungen eine Legende wusste, also ein frommes Buch, das die Evangelien der Sonn- und Festtage nebst ihrer Erklärung in sich barg.

Mit einiger Mühe fand ich schließlich das Fest der Heiligen Drei Könige oder Epiphanie, was zu Deutsch „Erscheinung des Herrn“ heißt, wie daneben vermerkt stand. Dann saß ich unter der Lampe am Tisch, den Kopf mit beiden Händen stützend, und las zum ersten Mal die Begebenheit von den drei Weisen, die aufgebrochen waren, um den Messias zu suchen und anzubeten. Dabei fiel mir unangenehm auf, dass in dem Bericht mit keinem Wort erwähnt war, dass die Drei Könige von Haus zu Haus gezogen seien oder dass sie weihnachtliche Raritäten erhamstert hatten, wie wir es vorhatten. Das Schlimmste aber war, dass selbst in diesem dicken Buch nicht der geringste Hinweis gegeben wurde, was eine Myrrhe sei; es war nur erwähnt, dass einer der Könige Gold, ein anderer Weihrauch und ein dritter die Myrrhe als Geschenk dargebracht hatte.

Plötzlich hatte ich den Eindruck, als sei es in der Stube seltsam ruhig geworden. Eine dicke, fette Winterfliege brummte mir ins Buch, und als sie verweilte, spürte ich die Stille und schaute auf. Alle sahen zu mir her, die Geschwister mit etwas Spott im Gesicht, die Eltern mit sehr besorgten Mienen; denn es war bislang noch nie passiert, dass ich so öffentlich, ja geradezu auffällig in einem frommen Buch gelesen hatte. Ich klappte es rasch zu, stieß es in den Kasten und rannte hinaus, um mich irgendeiner peinlichen Frage zu entziehen. „Der möchte wohl Pfarrer werden“, hörte ich Max sagen. Und alle lachten. Ich nahm mir vor, Max bei nächster Gelegenheit zu verbläuen.

Am anderen Morgen erwachte ich aus dumpfen Träumen, in denen Max den Mohrenkönig und eine riesige Kiste schleppte, in der Myrrhe war. Ich wollte ihm die Kiste entreißen, aber es gelang mir nicht, sodass mir auch der

Traum keine Anhaltspunkte gab, und verstimmt begann der Tag, an dem die Entscheidung fallen musste. Aber sie fiel nicht; und ohne Hoffnung schlich ich abends zum Opacher Stadel zur letzten Beratung; denn morgen war der Dreikönigstag.

Der Karrer Hans hatte mittlerweile zwar erfahren, dass aus der Myrrhe eine Arznei gemacht werde; welcher Art sie aber sei und wie sie aussah, hatte auch er nirgends erfahren können. Und zum Apotheker zu gehen, fürchteten wir uns, weil wir bei ihm noch vom Herbst her einiges gut hatten, wegen der Stachelbeeren im Apothekergarten.

Unser Dreikönigstag schien also immer fragwürdiger zu werden; denn dass er echt und genau sein müsse – darüber bestand für uns kein Zweifel; man konnte ja schließlich nicht mit Hoffmannstropfen oder Aspirin anstatt mit Myrrhe durchs Land ziehen!

Dass diese Echtheit und Genauigkeit bei uns aber überhaupt nicht gegeben war, hatte ich aus dem frommen Buch bereits erkannt, und der Zweifel der Berechtigung zu unserem Vorhaben quälte mich allmählich so sehr, dass ich mir Luft machen musste und meinen Freunden davon mitteilte.

Sie lachten. Sie glaubten es mir nicht, so sehr ich mich auch ereiferte. „Das musst du uns schon schwarz auf weiß beweisen“, forderte Willi. „Und wovon hätten denn die echten Dreikönige auf ihrer Reise gelebt, wenn sie nicht Gedichte aufgesagt und dafür Birnbrot bekommen hätten, he?“, fragte Karrer Hans. „Die waren doch reich“, wandte ich ein, „die konnten doch im Wirtshaus essen!“ – „So – reich meinst du? Weshalb sind sie dann den ganzen Weg zu Fuß gelaufen?“

Ich kam nicht auf gegen sie. Aber ich wusste, dass sie im Unrecht waren, und machte ihnen den Vorschlag, mich das Buch holen zu lassen, damit sie sich selber überzeugen könnten, wie unecht unser geplanter Dreikönigszug ausfallen müsse.

Da eine andere Einigung nicht zustande kam und der Zweifel nun langsam auch auf die beiden Freunde übergriff, verabredeten wir uns auf den späten Nachmittag des anderen Tages, an dem jeder seine Kostüme und Beigaben – mit Ausnahme der Myrrhe – mitzubringen hätte.

Obgleich ich an diesem Abend später als erlaubt nach Hause kam, ließ man mich ungestraft, nicht etwa wegen meiner frommen Lektüre von gestern, als vielmehr wegen meiner jüngeren Schwester, die schrecklich weinte und so sehr über Zahnweh klagte, dass sie bei jedem Bissen, den sie essen sollte, in ein wahres Indianergeheul ausbrach. Als sich Vater schließlich den bösen Zahn besehen wollte, erschrak er nicht wenig; denn mein Schwesterchen hatte viele kleine schmerzhaft brennende Bläschen im Mund, was auf eine Erkrankung deuten konnte, die vielleicht ernsthafter Natur war, sodass ich fortlaufen und den Arzt herbeiholen musste.

Der alte Doktor Binder stellte eine Entzündung des Zahnfleisches und der gesamten Mundhöhle fest, schrieb ein Rezept für eine Arznei, mit der man die Entzündung auszutupfen hätte, und schickte mich mit dem Zettel zum Apotheker.

Dort erhielt ich das Fläschchen mit der Arznei. Unter der Haustür las ich zufällig die Aufschrift auf dem Schildchen der Flasche. „Myrrhentinktur" stand darauf gedruckt. Jetzt hieß es rasch handeln.

Ehe ich also die Stube betrat, füllte ich die Tinktur in ein leeres Fläschchen, pappte ein Zettelchen an und schrieb mit Druckbuchstaben das gleiche Wort darauf. Nur ein paar Tropfen des kostbaren Inhalts behielt ich in der Originalflasche zurück.

Ich wollte meinen Sieg auskosten, als ich am Nachmittag des 6. Januar zum Opacher Stadel eilte, das fromme Buch unterm Arm und die Myrrhe in der Hosentasche.

Es war ein klirrend frostiger Tag, und der Hauch wehte in weißen Schwaden von unserm Mund, als wir, eng zusammenhockend, einander die Geschichte von den drei Königen vorlasen.

„Er hat Recht", sagte Willi, als wir am Ende waren, „sie haben nicht gebettelt." – „Wozu sind sie dann eigentlich ausgezogen?", fragte Karrer Hansl. „Hast du doch selbst gelesen!", gab Willi zur Antwort. „Sie haben das Kind gesucht und es angebetet." Dann war es lange still im Opacher Stadel. Bis endlich Willi sagte: „Gehen wir also!" Wir standen auf, holten die Kostüme unter der Strohschütte heraus und zogen sie an. Ich nahm die Blechschachtel hervor, die ich mit Ruß gefüllt hatte, und machte mich schwarz; keiner erhob Einspruch. Der Karrer Hansl zündete den Stern an und trat hinaus; es war dunkel und kalt, und die anderen Sterne leuchteten mit dem unsern um die Wette.

Schon kamen überallher Kinder und schlossen sich an, aber ihr Johlen und Schreien verstummte, als sie den unerschütterlichen Ernst in unseren Gesichtern sahen.

Bis wir zur Kirche kamen, waren wir ein langer Dreikönigszug. Es war leer und fast dunkel im Gotteshaus, und der Stern ging uns voran und blieb bei der Krippe stehen. Dort knieten wir nieder, die Kinder alle mit uns Königen. Und wir brachten unsere Gaben: Hansl einen goldenen Messingknopf, Willi den geklauten Weihrauch. Alle sahen zu mir herüber: Ich stellte die braune Flasche mit dem Etikett und den paar Tropfen Myrrhentinktur vor das göttliche Kind hin und sah, dass es über die Aufschrift auf der Flasche lächelte. Es war alles ganz echt geworden.

Die unlösbare Rechenaufgabe

Franz X. Judenmann

Professor Zahlfleisch war zeitlebens ein Grübler gewesen. Es gab kein Rechenproblem, an dem er sich nicht während seiner Tätigkeit als Lehrer für Mathematik und Physik versucht hätte. Wo er ging und stand, dachte er in Zahlen. Saß er im Frühlingsschein auf einer Bank im Park, so zeichnete er mit seinem Stock geometrische Figuren in den Sand oder zog Quadratwurzeln aus Autonummern, vervielfachte Haus- und Telefonnummern und hatte seinen Spaß daran, wenn er wie ein Jongleur mit den unförmigen Zahlengebilden im Geiste herumwerfen konnte. Seitdem ihm vor längeren Jahren ein Kollege bei der Lösung der Frage, ob die Quadratur des Punktes im Tangentenviereck gleich der Summe der Gegenwinkel der in ihm enthaltenen Wurzel ist, zuvorgekommen war, zählte Professor Zahlfleisch zu den Sonderlingen, und er machte seinem Namen Ehre dadurch, dass die Zahl ihm in Fleisch und Blut übergegangen war.

Als er seinen verdienten Ruhestand erreicht hatte, gönnte er sich in einem oberbayerischen Gebirgsdörflein einige Tage unbeschwerten Urlaubs und Erholung von der Zahl. Jawohl, das hatte er sich vorgenommen, für einige Tage nun nicht mehr in mathematischen Problemen zu denken. Ein biederes Gasthaus mit anheimelnden Altanen rund herum und Hängegeranien an den kleinen Fenstern erschien ihm besonders einladend, und er bestellte dort ein nettes, freundliches Zimmer mit einfacher, altertümlicher Einrichtung. Als er seine wenigen Habseligkeiten in dem Schrank verstaut hatte, fühlte er sich losgelöst von seinem Zahlenalltag und spürte die wohltuende Ruhe dieses Bergdörfleins auf sich überströmen. Er war nicht einmal versucht, die Uhrzeit auf dem geschnitzten Regulator mit der Zahl auf dem Kalenderblatt in rechnerische Beziehung zu bringen oder etwa den Grad der schiefen Ebene festzustellen, die der Schrank auf dem holperigen Stubenboden durch seinen Neigungswinkel einnahm.

Als er aber den Bauernschrank zurechtrücken und ihm mit Hilfe einer zusammengefalteten Zeitung seine waagrechte Lage zurückgeben wollte, machte er eine folgenschwere Entdeckung, in Gestalt einer für ihn zunächst völlig rätselhaften Inschrift auf dem Schrankoberteil, die dort eingebrannt war und wohl schon sehr alt sein musste. $17 + K + M + B = 85$ las er murmelnd, und aus war es mit seiner Ruhe, wie fortgeweht war seine Gelassenheit. Seine Gedanken begannen zu jagen, eilten dienstbereit und willfährig herbei, eines lohnenden Auftrages gewärtig, purzelten nach der aufgezwungenen Untätigkeit durcheinander und gewannen erst nach und nach ihren brauchbaren Gehorsam zurück, sodass sie seinem aufgescheuchten Denkapparat zu logisch einwandfreien Folgerungen mit Exaktheit zur Verfügung standen. Jedoch, es schien, als ergebe sich hier eine rechnerische Nuss, die auch ein Professor Zahlfleisch nicht auf Anhieb knacken konnte. Wenigstens sah der Professor zunächst keine Möglichkeit, an diese verzwickte Gleichung, denn um eine solche handelte es sich gewiß, heranzukommen. So nahm er seufzend Zuflucht zu einem leeren Heft, das er zum Zwecke der Lösung irgendwelcher Aufgaben stets in seiner Rocktasche mit sich führte.

Nach seinem bewährten Schnellrezept ging die Gleichung mit den drei Unbekannten nicht auf, er mochte sie erweitern oder kürzen, so viel er nur wollte. So blieb noch das Quadrieren. Doch auch dieses Mittel nützte nichts. Fieberhaft zog er die Quadratwurzel, schlug im Logarithmus nach, und als er mit Hilfe der Algebra und ihrer vielseitig anwendbaren Kunstkniffe nichts erreichte, suchte er Zuflucht bei der analytischen Geometrie. Jedoch auch hier stellten sich ihm unüberwindbare Hindernisse in den Weg, und wie sein Rechenstift auch über das Papier flog, Zahl um Zahl ausspie und hastig wieder einklammerte und durchstrich, keine noch so ausgeklügelte Methode wollte fruchten. Auch die gewagte Annahme, dass $K + M + B$, diese drei Unbekannten, drei Punkte einer Ebene seien, die sich durch Kombination der Zahlen 17 und 85 in ein gängiges Koordinatensystem zwängen ließen, brachte ihn keinen Schritt weiter. Ob er vielleicht mit Hilfe der kartesischen Koordinaten die Flächen, Winkel und Entfernungen der einzelnen Punkte auf den Geraden berechnen und dann Kurven zweiten Grades bestimmen konnte, ob eine Kurvendiskussion überhaupt möglich war? Aber wie sehr er auch differenzierte, Nullstellen, Maxima, Minima sowie alle möglichen Steigungen berechnete, es führte auch kein annähernder Grenzwert zu einer brauchbaren Lösung, ganz gleich, ob die Funktion stetig oder unstetig war oder ob er mit Konvergenzkriterien hantierte, die Aufgabe blieb ungelöst.

Als der Hausknecht am Abend dem Gast das Essen brachte, fand er ihn fiebernd und fantasierend im Bett liegen, sodass der besorgte Wirt den Arzt rufen ließ. Dieser erschien, sah den hochroten Kopf des Patienten, fühlte den rasenden Puls, entdeckte die mit Linien, Kurven und Zahlen beschriebenen Blätter auf dem Tisch und konnte sich schließlich aus den zusammenhanglos hervorgestoßenen Seufzern des Kranken zusammenreimen, dass ein ungelöstes mathematisches Problem den Professor in ein schweres Nervenfieber gestürzt hatte.

Drei Tage lang schwebte der Patient im Delirium. Dank aufopfernder Pflege genas der Professor schließlich wieder. Der Doktor untersagte ihm jedoch streng jegliche weitere Beschäftigung mit rechnerischen Problemen. Als der Professor, auf den Arm des Hausknechts gestützt, die ersten Gehversuche unternahm, vertraute er dem dienstbaren Geist an, dass ihn die Formel am Bauernschrank an den Rand des Wahnsinns gebracht hatte und dass er wohl abreisen müsse, wenn ihm die Lösung nicht bald gelinge.

Über das faltige Gesicht des Hausburschen ging ein Aufleuchten, als er mühsam auf Hochdeutsch herausbrachte: „Ja, wenns dös glei g'sagt hätt'n, Herr Professor. Düses ist ein alter Dreikönigsbrauch, und das K und M und B heißt Kaspar, Melchior und Balthasar, so haben die drei Könige aus dem Morgenland g'heißn, und die Ziffern sind die Jahreszahl. Dös is halt schon ein alter Schrank aus dem Jahre 1785. A jedes Kind weiß dös bei uns, Herr Professor ...“

Die Könige sind unterwegs

Georg Britting

Der Schnee fiel schon seit Stunden, dick und fett und weiß, und so war nicht zu sehen, ob es Kartoffelfelder waren, die sich da hindehnten, ob Weizensaat hier keimte oder junger Roggen, vielleicht waren es Wiesen, weil ja alles weiß war, gleichmäßig weiß, wattebauschig weiß. Ein Dorf, nicht fern, das sah aus, als habe ein großmächtiger Maulwurf einen überschneiten Berg aufgewühlt, und vielleicht würde er, der unsichtbare schwarze Pfotenschaufler, den Berg noch höher wölben, immer höher, immer höher! Und es fiel Schnee, das würde nimmer aufhören heut, morgen auch nicht, vielleicht übermorgen, wenn überhaupt je. Wahrscheinlich lief neben der Straße ein Straßengraben. Aber zu sehen war er nicht, so war er angefüllt mit Schnee.

Drei Männer kamen die Straße daher, und es war wunderbar genug, dass sie immer noch die Straße unter den Füßen hatten, sie wussten auch nicht genau, ob es immer noch die Straße war, vielleicht gingen sie schon längst querfeldein. Bis an die Knie reichte ihnen der Schnee, und besonders Balthasar, der Neger, litt unter der Kälte, und sein roter Mantel hätte besser zum gelben Wüstensand seiner Heimat gepasst (wie war sie fern!), als zu dieser weißen Winterlandschaft, aber er ging unverdrossen hinter Kaspar und Melchior drein. Kaspar hatte einen langen, spitzen Bart, weiß wie der Schnee, und trug einen schwarzen Mantel, der geräumig um ihn wogte, und Melchior war bartlos und faltenfrei im Gesicht, und sein Mantel war gelb, und um die Hüften herausfordernd eng geschnitten. Sie gingen im Gänsemarsch, einer trat in die Fußstapfen des anderen, und da zeigte es sich, dass der Neger die kleinsten Füße hatte von den dreien, denn seine silbergeflochtenen Schuhe hätten gut zweimal Platz gehabt in den tiefen Gruben, die seine Vorgänger traten. Und einmal machte es ihm Spaß, das zu versuchen, in einer Grube Fuß vor Fuß zu setzen, Silberschuh vor Silberschuh, und so stehen zu bleiben. Wie komisch der schwarze Mantel Kaspars sich blähte!

So gingen sie und sahen manchmal zum Himmel auf. Der war nicht zu sehen, nur Schnee sah man herunterfallen, aber der Himmel war schon noch da, o ja, unerschütterlich, der Himmel, denn sie sahen den Stern: Zwar nur laternenklein, zartrosafarbig war er, ein Sternlein nur, winzig im schwarzgrauen Flockenfall, aber er war da, war noch da und führte sie. Das Dorf, das Maulwurfsdorf, blieb auch schon zurück, und sie gingen immer weiter, und Balthasar schüttelte den Rotmantel, ihn von der Schneelast zu befreien, und der spitzbärtige Kaspar blies in die erstarrten Hände, sie aufzutauen, und der dicke Melchior stampfte mit den Füßen, weil sich an seinen Absätzen Schneeballen bildeten und zu Eis wurden, was das Gehen erschwerte.

Zur linken Hand an der Straße, wenn es noch die Straße war, auf der sie gingen, stand ein starker Baum mit vielen Ästen, knorrigen und lustig verdrehten, und als sie bei ihm waren und wieder einmal zum Himmel aufschauten, war der Stern schon noch da, der Rosastern, aber er glühte plötzlich stark auf, wie ein riesiges Katzenauge, funkelte, es war zum Fürchten, einen Augenblick lang waren Baum und Himmel und der unendliche Schnee rosarot, weithin alles rosarot, dann erlosch er, war weg, wirklich, er war weg, fort, und der Schnee wieder weiß. Der Mohr im roten Mantel schrie: „Habt ihr's gesehen?“ Sie hatten es natürlich alle drei gesehen, blieben alle drei unterm Baum stehen. „Dann muss es hier sein, irgendwo in der Nähe“, sagte Kaspar, „aber wo?“ „Wir warten hier“, entschied Melchior.

Sie ließen sich unter dem Baum nieder, breiteten eine Decke aus auf dem Schnee und setzten sich und hüllten sich fest in ihre Mäntel, dass sie waren wie drei merkwürdige Vögel, ein blutroter, ein rabenschwarzer und ein gelber. Sie sprachen nichts, der Schnee fiel lautlos, und der junge Balthasar wiegte den Krauskopf hin und her, immer hin und her, dass die goldenen Ringe an seinen Ohren klirrten. Dann hielt er den Kopf ruhig, die Ohrringe schwiegen, da war nur mehr der lautlose Schnee.

Wahrscheinlich waren sie eingeschlafen und erwachten von einer Stimme, die sie anrief, und sie wachten alle drei gleichzeitig auf, und da stand vor ihnen ein Mann, der hatte einen grauen Bart, grau wie das Fell des Esels, den er am Zügel führte, und auf dem Esel saß eine Frau. Das Tier schnappte mit weichem Maul nach dem roten Mantel des Mohren, und der Mann fragte: „Ist hier kein Dorf in der Nähe? Es wird Abend, und wir sind müd und suchen ein Unterkommen." So fragte der Mann, und Balthasar, der ihn scharf beobachtete, bemerkte doch nicht, dass sich irgendetwas bewegt hätte in dem Gesicht des Fragers. Denn, wenn auch seine Lippen vom Bart bedeckt waren, hätte man doch diesen, den Bart, sich rühren sehen müssen, oder die Wangen sich heben, oder die Nasenflügel, aber das alles geschah nicht. Das Gesicht des Mannes blieb still und unbewegt, auch während er sprach; Balthasar verwunderte sich und stand auf, und da standen die beiden anderen auch auf, und Kaspar sagte: „Da hinten ist ein Dorf, eine halbe Stunde zurück, und ihr werdet dort schon finden, was ihr sucht!"

Der Mann nickte dankend, und die Frau nickte, und der Mann trieb den Esel an, der den roten Mantel ungern aus dem Maul ließ, und dann verschwanden Mann, Frau und Tier im Schneetreiben.

Balthasar dachte darüber nach, ob wohl seine beiden Gefährten es auch beobachtet hätten, dass der Graubart mit stummen Lippen hatte reden können, und wollte sie fragen, da sagte Kaspar: „Sie sind's!" – „Wer?", fragte Melchior. „Wer?", fragte Balthasar und rieb an seinem Mantelärmel, der feuchtwarm war von der Eselmaulnässe.

„Sie sind's!", wiederholte Kaspar und bekam ein ganz frommes Gesicht. Balthasar schrie wütend: „Sie sind's! Sie sind's! Ein Mann war es und eine Frau und ein Esel! Aber wir suchen doch ein Kind!" Der zornige Mohr drehte die Augen, dass man das Weiße sah. Und plötzlich wie flehend, sagte er mit leiser Stimme: „Ein Kind doch suchen wir!"

„Ihr habt nicht gesehen", fragte Kaspar, fragte es sanft und lächelte dem Neger ins Gesicht: „Ihr habt nicht gesehen, dass die Frau gesegneten Leibes ist?"

Der Mohr wurde selig bleich, Melchior fing mit der Hand eine Schneeflocke und hielt sie wie eine Hoffnungstaube, und der weiße, scharfäugige Kaspar fragte: „Habt ihr eure Geschenke bereit?"

Und sie holten aus den Manteltaschen Gold in blanken, runden Stücken, würzige Hölzer und Öle in kostbaren Flaschen.

Sie setzten sich wieder, im Schneewirbel, und vor ihnen lagen die Geschenke im Schnee, und die Flocken tanzten darüber, aber keine einzige ließ sich darauf nieder, nicht eine, und sie glänzten unberührt, bis sie zuletzt in einer Mulde lagen, wie in einer Schneeschüssel mit weißen Schneewulsträndern.

Die drei Könige saßen die ganze Nacht, sie froren nicht, sangen leise Lieder vor sich hin, Balthasar ein seltsam verschnörkeltes, afrikanisches, Kaspar ein brummendes, dumpfes, und Melchior sang auch, aber nicht schön, und lachte dazwischen, und sie sangen und erwarteten den Morgen.

Der kam, die Sonne kam, es schneite nicht mehr, der Baum glänzte im Licht, und aus der Tiefe der Schneeschüssel leuchteten die Geschenke. Sie nahmen sie an sich, und Kaspar rief: „Jetzt zu dem Dorf!"

Sie drehten um, Kaspar voran, dann Melchior, dann der schwarze Balthasar im roten Mantel, und nahmen die Richtung auf das Maulwurfsdorf, das sie gestern gesehen hatten.

Und der plattnasige Mohr, der jüngste der drei, fast ein Knabe noch, blieb plötzlich in einer Fußstapfe stehen, Silberschuh vor Silberschuh, weil ihm wieder eingefallen war, wie der Graubart gestern hatte reden können, ohne dass sein Gesicht sich rührte.

Wenn sie jetzt auf ihn trafen, wollte er sich das genau betrachten.

Maria auf der Flucht

Siegfried von Vegesack

Trab, kleiner Esel, trabe,
trab nach Ägyptenland!
Der Josef führt am Stabe
uns durch den Wüstensand.

Was blieb von aller Habe?
Ein dürftiges Gewand –
und Er, der kleine Knabe,
in meiner müden Hand.

Oh, lass Ihn nicht verderben
durch böser Henker Macht!
Viel Kinder müssen sterben
für Ihn in dieser Nacht.

Sie geben hin ihr Leben –
die Kinder für das Kind.
Er wird es wiedergeben,
wenn wir am Ziele sind.

Der Wege gibt es viele,
und Orte, fern und nah –
ich aber seh am Ziele
das Kreuz auf Golgatha . . .

Noch schlummert Er, der Knabe,
noch hält Ihn meine Hand.
Trab, kleiner Esel, trabe,
trab nach Ägyptenland!

Nachwort

„Es ist nit gnueg nur oben hin Christi geburt bedenckhen, es mueß dir gehn zu Herz und Sin, in d' Lieb thue dich versennckhen."

Diese Worte könnten auch heute nicht besser formuliert über einer Sammlung von Weihnachtsgeschichten stehen: als Mahnung an den Herausgeber und Leitwort für den Leser. Sie stammen aus einem Weihnachtsspiel vom Anfang des 17. Jahrhunderts. Ein Geistlicher oder Mönch schrieb es zusammen mit vier anderen zur Aufführung in einer Klosterschule. Die darin vorkommende Mundart und Landshut (Lanzet), als Marktort genannt, verweisen nach Bayern (Weinhold, Weihnachtsspiele und Lieder aus Süddeutschland und Schlesien).

Wohl kaum ein anderes Land in Deutschland weist eine so große Fülle von Weihnachtsspielen und -liedern auf wie Bayern. Für diese Sammlung wurde aus jedem Themenkreis ein Liedbeispiel gewählt, ein Hirten-, ein Herbergsuche- und ein Sternsingerlied. Sie haben in Bayern eine lange Tradition.

So soll hier zur Abrundung der gesammelten Weihnachtsgeschichten weniger auf die reichen und vielfältigen Brauchtumsformen, wie sie sich in Bayern um die Christgeburt entwickelt haben, eingegangen werden – dazu gibt es zahlreiche Veröffentlichungen –, als vielmehr ein Blick getan werden auf die Entwicklung, die die Weihnachtsspiele und die meistens daraus hervorgegangenen Lieder hier nahmen.

Zwei aus dem 9. bis 11. Jahrhundert stammende Handschriften von Weihnachtsspielen aus Freising waren noch in Latein abgefasst. Ein Jesusgeburtsspiel, in einer deutsch-lateinischen Liederhandschrift aus Benedictbeuren, das den gesamten Weihnachtszyklus umfasste, geht ins 13. Jahrhundert zurück.

Die große Zeit der geistlichen Spiele aber begann im 16. Jahrhundert. Im Zuge der Reformation nahmen sich Protestanten der Spiele und Lieder an. Während in ihrer

Kirche die geistlichen Lieder unverzichtbarer Bestandteil des Gottesdienstes waren, dienten sie in der katholischen in erster Linie der Ausschmückung. Durch die Reformation waren die geistlichen Lieder zu Kirchenliedern geworden. Auch die katholische Kirche erkannte ihre Bedeutung und intensivierte nach der Gegenreformation ihre Pflege. Vor allem die Jesuiten erneuerten alte Brauchtumsformen. Sie stellten im Zeitalter des Barock zahlreiche Weihnachtsspiele vor, die häufig Anstoß zum Krippenbau gaben.

Im 17. Jahrhundert bis in die Mitte des 18. war Bayern zusammen mit dem Erzbistum Salzburg, dem Bistum Passau und den österreichischen Erblanden Zentrum des „katholischen Teutschland“ (Handbuch der Literatur in Bayern). München war der Hauptdruckort. Erste deutsche Gesangbücher waren um die Mitte des 16. Jahrhunderts schon in Tegernsee erschienen. Das „Niedere fröhliche (Lied), welche(s) auch in der Sprache sich zu dem Volksdialekt herablässt“ (Weinhold unterscheidet zwei Arten von geistlichen Volksliedern), war es wohl, welches mündlich weitergegeben oder auf Flugblättern gedruckt verbreitet wurde. Besonders Hirtenlieder wurden häufig von Mesnern oder Vorsängern gedichtet, dabei vielfach Mundart und Hochdeutsch gemischt, in dem Bestreben, „schriftgelehrt“ zu erscheinen (Markmiller, Der Tag der ist so freudenreich). Kinder- und Hirtenlieder hatten in der katholischen Kirche ohnehin einen besseren Hort als in den ernsteren protestantischen Gottesdiensten. Aber auch außerhalb der Kirche hatten sie ihren Platz, ebenso wie zahlreiche Aufführungen von Weihnachtsdramen durch Schulmeister.

Lieder und Dramen hatten in den Kirchen die Krippen zum Mittelpunkt. Beides diente dazu, das Geschehen um die Christgeburt zu veranschaulichen. Die Krippen blieben zunächst auf die Klöster und Kirchen beschränkt. Sie wanderten erst im 18. Jahrhundert in die Häuser. Die Blütezeit der Krippe lag wie beim Weihnachtsspiel im Barock. An zahlreichen Orten in Bayern werden Barockkrippen, wenn auch häufig nicht mehr ganz vollständig, noch aufgestellt und gezeigt. Der Bericht in dieser Sammlung über die Krippe in Kloster Reutberg zeigt auf, welches Schicksal nicht nur diese Krippe hatte.

Im Zuge der Aufklärung wurden aber nicht nur die Krippen aus den Kirchen verbannt, auch Weihnachtsspiel und volkstümliches Lied wurden scharf zensiert, Aufführungen, vielfach tatsächlich mit unchristlichen Elementen durchsetzt und mancherorts auch sonst ausgeufert, häufig verboten oder eingeschränkt.

Das Singen der Hirten- und Herbergsuchelieder, eine Form, die sich in den Vororten Münchens lange gehalten hatte, wurde wegen der damit verbundenen Bettelei untersagt. „Die Polizei duldet es nicht mehr", schrieb Guido Görres 1847 im „Deutschen Hausbuch".

Bei August Hartmann, der 1874 seine Sammlung „Weihnachtslied und -spiel in Oberbayern" herausgab, heißt es: „Eine eigenthümliche Sitte in Giesing und in der Au waren die mit einem stehenden Ausdruck so genannten ‚Herbergen'. Während der Adventszeit nämlich pflegten – zufolge mehrseitiger Mittheilung – Abends etwa um 7 Uhr Nachbarn und Nachbarinnen, Alt und Jung, abwechselnd bald in diesem, bald in jenem Hause sich zu versammeln. Auf den Tisch stellte man ‚als Sinnbild' zwei Figuren, Joseph und Maria, zündete ein Paar Wachskerzen daneben an und betete einen Rosenkranz; nach diesem aber wurden mit vertheilten Stimmen die ‚Herberggesänger' gesungen, d. h. Lieder, welche Mariä und Josephs Herbergsuchung oder Verwandtes behandelten, mitunter auch ‚Hirtenlieder'." Diesen Brauch, der bis in die Mitte des 19. Jahrhunderts gepflegt wurde, nannte man ‚Die Herberg abstatten'.

Auf den Brauch des sogenannten ‚Ansingens' wurde im Nachwort zu dem in dieser Reihe früher erschienenen Band „Weihnachtsgeschichten aus München" ausführlicher eingegangen. Dort wird als Ergänzung die Ausprägung des weihnachtlichen Festkreises im Schrifttum der bayerischen Hauptstadt aufgezeigt. Gemeinsam für beide Bände ist die Bedeutung der Krippe, deren Schwerpunkte in den Schilderungen im ersten Band mehr im häuslichen, im zweiten im kirchlichen Bereich liegen. Wie denn überhaupt im weihnachtlichen Geschehen in der Provinz die Kirche in den Weihnachtserzählungen ganz anders im Mittelpunkt steht, sei es das Erlebnis des nächtlichen Mettengangs in der Christnacht oder das bestaunte Wunder der dort aufgebauten Krippe.

Auch im hier vorliegenden Band kommen Autoren zu Worte, deren Heimat Bayern nur zeitweise war. Ihre Beiträge machen das Bild facettenreicher, wie die Erzählung „Die Raumfahrer vom Schliersee", deren feinsinniger Humor es über eine bloße Kindergeschichte heraushebt. Liebevolle Erinnerungen an das Weihnachtsfest der Kindheit in einem Land mit reichem weihnachtlichem Brauchtum erfahren ihre Ergänzung durch Schilderungen, die zeigen, dass auch hier der eigentliche Sinn der Christnacht immer wieder durch menschliche Unzulänglichkeiten infrage gestellt ist – seien es politische Konstellationen oder der mitmenschliche Bereich. Und hier wie anderswo haben die Worte von Rudolf Alexander Schröder, der lange in Bayern lebte, Gültigkeit:

„Zweitausend Jahre kommst du schon,
dass Fried und Freud auf Erden sei;
und immer geht dein Jahr vorbei,
und immer sprach die Welt dir Hohn",

und das tröstlich endet mit der Zeile:

„Noch führt ein Weg aus Nacht und Licht,
Ich bin's. Ich überwand die Welt."

Gundel Paulsen

Quellenangaben und biografische Daten

James Krüss: *Tannengeflüster* (Gedicht)
Aus „Der wohl temperierte Leierkasten", © cbj Verlag, München – in der Verlagsgruppe Random House GmbH.
James Krüss wurde am 31. 5. 1926 auf der Insel Helgoland geboren, wo er auch aufwuchs. Nach zweijähriger Lehrerausbildung wurde er noch kurz vor Ende des 2. Weltkrieges Soldat. Nach dem Krieg schloss er seine Lehrerausbildung ab, ohne den Beruf auszuüben. Er begann neben ersten literarischen Veröffentlichungen für Presse, Rundfunk und Fernsehen zu arbeiten. Von Hamburg übersiedelte er 1949 nach München. Seit 1966 lebte er auf Gran Canaria, wo er am 2. 8. 1997 starb. James Krüss ist einer der beliebtesten Kinderbuchautoren. Seine Bücher wurden in 30 Sprachen übersetzt.

Max Peinkofer: *Advent in der Waldheimat*
Aus „Der Brunnkorb, Werke I", Verlag Passavia, Passau 1977.
Max Peinkofer wurde am 22. 9. 1891 in Tittling als jüngstes von zehn Kindern geboren. Er wurde 1922 nach dem Erfolg seines „Waldweihnachten" Lehrer in Niederalteich, ab 1928 arbeitete er als freier Schriftsteller und Volkskundler. Er zählt zu den bekanntesten und volkstümlichsten Schriftstellern Niederbayerns, war Mitarbeiter beim Rundfunk und Fernsehen. Max Peinkofer starb am 6. 5. 1963 in Zwiesel. Sein Grab befindet sich in Bischofsmais, wo er lange lebte.

Joachim Königbauer: *Advent und Weihnachtszeit in Etterschlag*
Aus: Eine Kindheit auf dem Dorf 1849–1862, Oreos Verlag GmbH, Waakirchen 1987.
Joachim Königbauer wurde am 12. 3. 1849 als jüngstes von zwölf Kindern in Etterschlag als Sohn eines Bauern geboren. Nach dem Besuch der Landschule erhielt er in Freising eine Ausbildung zum Lehrer. Einem Jahr Praxis als Lehrer folgte seine Berufung nach Rosenheim an die Präparandenschule, bald danach an das Freisinger Seminar, 1878 nach Eichstädt und zwei Jahre danach als Präfekt nach Amberg. Achtunddreißigjährig wurde er Seminardirektor der Lehrerbildungsanstalt in Lauingen. Im Jahre 1900 erfolgte seine Berufung nach Würzburg als Leiter der neu erbauten Lehrerbildungsanstalt, zu der bald ein Lehrauftrag am dortigen Priesterseminar kam. Joachim Königbauer starb am 3. 2. 1935.

Franz Xaver Rambold: *Altbayerische Weihnacht* (Gedicht)
Aus „Jugendblätter", gegründet 1854 von Isabella Braun, Herausgeber Lothar Meilinger, 77. Band, Verlag der Jugendblätter, (Carl Schnell) München.

Karl Reinhold Döderlin: *Wie mir das Christkind begegnete*
Aus „Die Arche Noah schwimmt nicht mehr", Union Verlag, Berlin.
Karl Reinhold Döderlin wurde am 2. 7. 1917 als Sohn eines Gärtners in Stuttgart geboren. Nach einer Mechaniker- und Kaufmannslehre war er Hilfsarbeiter und Archivargehilfe, bildete sich in Kunst- und Literaturgeschichte weiter und war als Redakteur und Journalist tätig. Nach dem 2. Weltkrieg, den er als Soldat mitmachte, lebte er ab 1945 in München und war dort Mitbegründer der „Gruppe 50". 1952 übersiedelte er in die DDR nach Hohen-Neuendorf bei Berlin. Dort war er stellvertretender Chefredakteur der Zeitschrift „Bildende Kunst", dann Theater-, Film- und Kunstkritiker beim Zentralorgan der CDU „Neue Zeit", zuletzt sprachwissenschaftlicher Mitarbeiter bei einem Berliner Verlag. Karl Reinhold Döderlin starb am 2. 7. 2004 in Hohen-Neuendorf.

Anton Wandinger: *Geheimnis um den Christbaum*
Aus „Bauernweihnacht", Verlag W. Ludwig, Pfaffenhofen 1977.
Anton Wandinger wurde am 2. 3. 1913 als Sohn eines Bauern in Grüntegernbach im Isengäu geboren. Er wuchs als eines von elf Kindern auf und besuchte das Gymnasium in Freising. Er wurde Beamter zunächst am Rechnungshof in Speyer, dann beim Bayerischen Obersten Rechnungshof in München. Er schrieb zahlreiche Bauerngeschichten und war seit 1959 Turmschreiber. Anton Wandinger starb am 24. 8. 1978 in Landsberg am Lech.

Josef Martin Bauer: *Das Wunder*
Aus „Das Kind zu suchen", Ehrenwirth Verlag GmbH, München 1965.
Josef Martin Bauer wurde am 11. 3. 1901 in Taufkirchen an der Vils als Sohn eines Bäckers geboren. Er entstammte einem alten Bauerngeschlecht. Ursprünglich für den geistlichen Stand bestimmt, war er nach dem Abitur 1920 zunächst Land- und Fabrikarbeiter, ab 1927 Schriftleiter der Lokalzeitung in Dorfen. Dort lebte er dann – seit 1935 als freier Schriftsteller – bis zu seinem Tode am 15. 3. 1970. Schauplatz seiner Dichtungen ist meist Oberbayern. Verfilmt wurde sein überaus erfolgreicher Roman „So weit die Füße tragen".

Oskar Maria Graf: *Die Christmette*
Aus „Autobiographische Schriften. Größtenteils schimpflich."

Oskar Maria Graf wurde am 22. 7. 1894 als Sohn eines Bäckermeisters in Berg am Starnberger See geboren. Nach einer Bäckerlehre war er ab 1911 in verschiedenen Berufen in München tätig. 1918 nahm er an der Novemberrevolution und der bayrischen Räterepublik teil. Er wurde Dramaturg der Münchener Arbeiterbühne, dann freier Schriftsteller. 1933 emigrierte er zunächst nach Wien, dann über Moskau, Brünn und Prag 1938 in die USA. Bis zu seinem Tode am 28. 6. 1967 lebte er in New York. Die derb-realistischen, humorvollen Schilderungen seiner Heimat und ihrer Leute aus sozialkritischer Sicht machen ihn zum bayrischen Volksschriftsteller von überregionalem Rang.

Hirtenlied
Entnommen aus „Die Fruchtschale, XVIII. Deutsche Weihnacht, Spiel und Lied aus alter Zeit", München und Leipzig, Verlag R. Piper & Co., GmbH.
Das Lied stammt aus Laufen in Oberbayern aus dem 18. Jahrhundert.

Hans Carossa: *Die Krippe*
Aus „Eine Kindheit und Verwandlung einer Jugend", Insel Verlag, Frankfurt am Main 1983.
Hans Carossa wurde am 15. 12. 1878 als Sohn eines Arztes in Tölz in Oberbayern geboren. Er besuchte in Pilsting die Volksschule, das Gymnasium in Tölz. Nach dem Studium der Medizin in München, Würzburg und Leipzig ließ er sich 1903 als Arzt in Passau nieder. Er übersiedelte später nach Nürnberg und 1914 nach München. Während des Ersten Weltkrieges war er Infanteriearzt an der West- und Ostfront, danach als Arzt in verschiedenen Orten in Bayern tätig, zuletzt in Rittsteig bei Passau, wo er am 12. 9. 1956 starb. Sein Werk, meistens mit autobiografischen Grundzügen, wurzelt in antik-christlicher Tradition. Es wurde in viele Sprachen übersetzt und mehrfach ausgezeichnet. 1948 verliehen ihm die Universitäten München und Köln den Dr. phil. h.c.

Peter Schraud: *Die Theaterkrippe in Kloster Reutberg*
Aus „Westermanns Monatshefte", Dezember 1979, Verlag Georg Westermann, Braunschweig.
Peter Schraud wurde 1943 in München geboren. Er studierte Theaterwissenschaft und Germanistik und promovierte zum Dr.

phil. Von 1968 bis 1970 leitete er den damaligen Zeitschriftenteil „Epoca-Kolleg". Danach war er bis Anfang 1979 Wissenschaftsredakteur bei Westermanns Monatsheften. Er wurde dann Leiter des Seniorenprogramms der Münchener Volkshochschule.

M. Herbert: *Die Heimsuchung des Pater Conradus*
Aus „Kölnische Volkszeitung", 53. Jg. 1912, Nr. 1119, 22. 12.
Maria Herbert ist ein Pseudonym für Therese Keiter, die am 20. 6. 1859 als Therese Kellner in Melsungen geboren wurde. Sie heiratete Heinrich Keiter, der 1888 in Regensburg Redakteur des deutschen Hausschatzes wurde und sich verdient um die katholische Literaturgeschichte machte. Therese Keiter starb am 5. 4. 1925 in Regensburg. Sie verfasste zahlreiche Erzählungen und Lyrik-Bände.

Wilhelm Dieß: *Der Dori geht zum Herrn*
Aus „Das erzählerische Werk in Einzelausgaben. Bd. 3, Der Blitz", Kösel Verlag, München, 3. Aufl. 1984.
Wilhelm Dieß wurde am 25. 6. 1884 in Bad Höhenstadt in Niederbayern geboren. Als Dr. jur. war er als Rechtsanwalt in München tätig. 1925 erwarb er sich ein kleines Bauerngut bei Tegernsee, das er während des 2. Weltkrieges selbst bewirtschaftete. Er war Mitglied an der Bayerischen Akademie der Schönen Künste in München und Ministerialrat. 1947 wurde er Generaldirektor und Leiter der Bayerischen Staatstheater. Wilhelm Dieß starb am 13. 9. 1957 in München.

Johannes Linke: *Die Christmette*
Aus „Die heilige Zeit, Christnachtgeschichten deutscher Dichter", herausgegeben von Bernt von Heiseler, J. F. Steinkopf Verlag, Stuttgart 1958.
Johannes Linke wurde am 8. 1. 1900 in Dresden als Sohn eines Eisenbahnbeamten geboren. Er besuchte in Dresden das Gymnasium. Nachdem er verschiedene Berufe ausgeübt hatte, wurde er Volksschullehrer in Eichigt im Vogtland, später in Eckersdorf bei Bayreuth. Zuletzt lebte er in Lichteneck im Bayerischen Wald. Im Februar 1945 wurde er im Osten als vermisst gemeldet. Johannes Linke wurde bekannt durch seine Bauernromane aus dem Bayerischen und Böhmerwald.

Annette Thoma: *Die Menschwerdung Christi* (Gedicht)
Aus „Deutsche Bauernmesse", © 1947 by Edition Hieber im Allegra Musikverlag, Frankfurt am Main.
Annette Thoma, geborene Schenk, wurde am 23. 1. 1886 in Neu-

Ulm geboren. Als Volkskundlerin veröffentlichte sie etliche Spiele aus dem weihnachtlichen Themenkreis. Annette Thoma lebte in Riedering bei Rosenheim, wo sie am 26. 11. 1974 starb.

Friedrich Schnack: *Die Geburt im Walde*
Aus „Das Waldkind", Kösel Verlag GmbH & Co. München.
Friedrich Schnack wurde am 5. 3. 1888 in Rieneck in Unterfranken geboren. Er besuchte in Würzburg die Oberrealschule. Nach einer kaufmännischen Lehre arbeitete er etliche Jahre in Handel, Wirtschaft und Industrie und zeitweise als Schriftleiter bei der Presse, ab 1926 als freier Schriftsteller. Er lebte in Dresden und verschiedenen Orten in Süddeutschland, zuletzt in München, wo er am 6. 3. 1977 starb. Bei dem feinempfindenden Erzähler und bilderreichen Lyriker steht die Natur im Mittelpunkt seines Schaffens.

Adolf Sommerauer: *Die verlorene Bosheit*
Aus „Weihnachtliche Welt, ausgewählte Erzählungen", herausgegeben von Wilhelm Horkel, Agentur des Rauen Hauses, Hamburg 1950.
Adolf Sommerauer wurde am 6. 12. 1909 in München als Sohn eines Arbeiters geboren. Er studierte Theologie und Philosophie in seiner Heimatstadt und in Erlangen. 1933 wurde er Vikar und dann Pfarrer in Regensburg. Aus dem 2. Weltkrieg kehrte er 1944 schwer kriegsbeschädigt zurück. Von 1950 bis 1957 war er theologischer Mitarbeiter an der Evangelischen Akademie in Tutzing. 1957 wurde er Beauftragter für Predigt- und Rundfunkfragen beim Evangelisch-Lutherischen Landeskirchenamt in München. In der Öffentlichkeit war er als „Fernsehpfarrer" und durch seine Rundfunksendungen bekannt. Adolf Sommerauer lebte mit seiner Familie in München, wo er am 12. 5. 1995 starb.

Herbert Rosendorfer: *An der Endstation*
Aus „Denk ich an Weihnacht ...", herausgegeben von Horst Nitschke, Gütersloher Verlagshaus Gerd Mohn, Gütersloh 1984.
Herbert Rosendorfer wurde am 19. 2. 1934 in Bozen in Südtirol geboren. 1939 zog er mit seinen Eltern nach München, wo er 1953 das Abitur machte. Nach einem Jahr Kunstakademie studierte er in München Jura und legte 1959 das erste, 1962 sein zweites Staatsexamen ab und trat 1965 als Assessor und Staatsanwalt in den Justizdienst ein. Seit 1967 ist er Richter am Amtsgericht München. Sein Werk umfasst Romane, Erzählungen und Theaterstücke sowie Hör- und Fernsehspiele. Herbert Rosendorfer starb am 20. 9. 2012 in Bozen.

Felsenharte Bethlehemiten (Herbergsuchelied aus München-Giesing)
Aus „Volksthümliche Weihnachtslieder“, herausgegeben von August Hartmann und Hyacinth Abele, Leipzig 1884.
Entnommen aus „Der Tag der ist so freudenreich, Advent und Weihnachten“, Bairische Volksfrömmigkeit, Brauch und Musik Bd. I, Fritz Markmiller, Verlag Friedrich Pustet, Regensburg 1981 (Strophe 1, 2, 4 und 6).

Ludwig Thoma: *Gegen Sitte und Brauch*
Aus „Ludwig Thoma, Werke in sechs Bänden, Bd. III, Andreas Vöst, 14. Kapitel“ gek., R. Piper & Co. Verlag, München 1978.
Ludwig Thoma wurde am 21. 1. 1867 als Sohn eines Oberförsters in Oberammergau geboren. In Landshut und München besuchte er das Gymnasium. Er studierte zunächst Forstwissenschaft in Aschaffenburg, später Jura in München und Erlangen. Nach beruflichen Stationen in Traunstein und Dachau ließ er sich von 1897 bis 1899 als Anwalt in München nieder, war dann Redakteur am „Simplizissimus“ und schließlich freier Schriftsteller mit Wohnsitz in München und Rottach. Dort starb er am 26. 8.1921. Er schrieb kraftvoll bodenständige Romane, humorvolle Erzählungen und Dramen auch in Mundart, oft satirisch-politisch gefärbt.

Paul Friedl: *Das Christkindl in der Glashütte*
Aus „Waldlerische Weihnacht“, herausgegeben von Walther Zeitler, Verlag Morsak, Grafenau.
Paul Friedl (Pseudonym Baumsteftenlenz) wurde am 22. 5. 1902 in Pronfelden Kreis Grafenau geboren. Nach kurzer Tätigkeit als Holzschnitzer arbeitete er in einem Sägewerk und in der Landwirtschaft, später dann als Redakteur und freier Schriftsteller. Sein Werk umfasst Kurzgeschichten, Romane sowie volkskundliche Werke. Als Volksliedersammler erwarb er sich große Verdienste. Er starb am 21. 1. 1989 in Zwiesel.

Friedrich Deml: *Der Heilige Abend des einsamen Königs*
Aus „Tannenduft und Lichterglanz, Besinnliche und heitere Erzählungen von Advent bis Dreikönig“, herausgegeben von Hermann Gerstner, Arena-Taschenbuch 1145, Arena-Verlag Georg Popp, Würzburg 1967.
Friedrich Deml wurde am 15. 2. 1901 in Ebrach geboren. Er studierte in München und Wien und wurde dann Studienassessor am Klosterlyzeum in Oppeln, später Seminarleiter in Gleiwitz. 1938 kam er als Studienrat nach Bamberg und lebte dort bis zu seinem

Tode 1994. Im Kreise Moltke-Steltzer war er Teilnehmer an der deutsch-norwegischen Widerstandsbewegung. Sein Werk umfasst Lyrik, Romane, Erzählungen sowie Hörspiele und wissenschaftliche Abhandlungen.

Karl Stieler: *In der Christnacht* (Gedicht)
Aus „Neue Hochlands-Lieder", Verlag von Adolf Bonz, Stuttgart 1883.
Karl Stieler wurde am 15. 12. 1842 als Sohn des berühmten bayerischen Hofmalers Joseph Stieler in München geboren. Er verbrachte seine Jugend am Tegernsee. Er studierte von 1861 bis 1867 Jura in München und Heidelberg und promovierte 1869 zum Dr. jur. 1882 wurde er Archiv-Assessor in München, wo er am 12. 4. 1885 starb. Er war ein humorvoller oberbayerischer Dialektdichter, dazu Lyriker und Reiseschriftsteller.

Paul Alverdes: *Christnacht auf der Schi-Alm*
Aus „Heimat, Erinnerungen deutscher Autoren", Horst Erdmann Verlag, Herrenalb/Schwarzwald 1965.
Paul Alverdes wurde am 6. 5. 1897 als Sohn eines Offiziers in Straßburg geboren. Seine Schulzeit verbrachte er in Düsseldorf. 1915 erlitt der Kriegsfreiwillige eine schwere Kriegsverletzung, die einen längeren Lazarettaufenthalt notwendig machte. Er studierte Jura in Jena, Germanistik und Kunstgeschichte in München. 1921 schloss er dort seine Studien mit dem Dr. phil. ab. Seit 1922 lebte er als freier Schriftsteller weiterhin in München und starb dort im Februar 1979. Der Lyriker und Erzähler Paul Alverdes vermag in zarter Schilderung seelische Vorgänge deutlich zu machen. Auch in seinen vielen Kindergeschichten beweist sich seine schlichte, einfühlsame Wirklichkeitsdarstellung.

Luise Rinser: *Weihnacht hinterm Totenholz*
Aus „Weihnachts-Triptychon", Arche Literaturverlag AG, Zürich 1963.
Luise Rinser wurde am 30. 4. 1911 in Pitzling in Oberbayern geboren. Sie studierte Psychologie und Pädagogik in München und war von 1935 bis 1939 Lehrerin, dann freie Schriftstellerin. 1944 wurde sie verhaftet und wegen Wehrkraftzersetzung angeklagt. Von 1953 bis 1959 war sie mit dem Komponisten Carl Orff verheiratet. Sie lebte zunächst in Dießen am Ammersee, später in Rom. In ihren Romanen und Erzählungen gestaltet sie die Entwicklung junger Menschen und Frauen aus christlich-katholischer Sicht. Luise Rinser starb am 17. 3. 2002.

Peter Härtling: *Der Koffer*
Aus „Wo wir Menschen sind", Pädagogischer Verlag Schwann, Düsseldorf 1974.
Peter Härtung wurde am 13. 11. 1933 in Chemnitz geboren. Er wuchs in Olmütz auf. 1945 verlor er in den Kriegswirren die Eltern, lebte zunächst in Österreich, dann in Nürtingen, wo er das Gymnasium bis 1952 besuchte. Danach begann er seine journalistische Tätigkeit, war von 1956 bis 1962 Redakteur bei der „Deutschen Zeitung" in Köln, dann Mitarbeiter bei der Hamburger „Welt der Literatur". Ab 1967 war er zunächst Cheflektor, später bis 1973 Geschäftsführer beim S. Fischer Verlag. Jetzt lebt er als freier Schriftsteller in Mörfelden-Walldorf. Sein Werk erfuhr zahlreiche Auszeichnungen, u. a. 1976 den Deutschen Jugendbuchpreis.

Reinhard Pozorny: *Der Weihnachtsengel*
Aus „Ein große Freud verkünd ich euch, Ein Arbeitsbrief zur Advents-und Weihnachtszeit", Herausgeber Bund der Vertriebenen, Vereinigte Landsmannschaften und Landesverbände, Bonn o. J.
Reinhard Pozorny wurde am 16. 2. 1908 in Brünn geboren. Ein großer Teil seiner schriftstellerischen Arbeiten führt in seine sudetendeutsche Heimat. Er wurde dafür mit dem Sudetendeutschen Volkstumspreis 1974 ausgezeichnet. Pozorny war Herausgeber von Almanachen und Jahrbüchern sowie Redakteur einer Wochenzeitung. Er lebte in München, wo er am 25. 6. 1993 starb.

Sternsinger-Lied
Entnommen aus „Allüberall auf den Tannenspitzen, Die schönsten Weihnachtsgedichte", herausgegeben von Gisela Günther, Gustav Lübbe Verlag GmbH, Bergisch-Gladbach 1980.

Hugo Hartung: *Die Raumfahrer vom Schliersee*
Aus „Weihnachtsbuch für Kinder zum Lesen und Vorlesen", ausgewählt von Ingrid Schoefinius-Pfeiffer, © Wilhelm Goldmann Verlag GmbH, München.
Hugo Hartung wurde am 17. 9. 1902 in Netzschkau, Kreis Merseburg, geboren. Er wuchs in Thüringen auf. Die Ferien verbrachte er häufig bei den Großeltern in Eger. Nach einem Studium an verschiedenen Orten war er zunächst Schauspieler und Dramaturg, ab 1931 freier Schriftsteller in München, später Chefdramaturg in Oldenburg und Breslau. Nach dem Krieg lebte er wieder in München, wo er am 2. 5. 1972 starb. Er schrieb zeitkritische Novellen und Romane.

Edmund Johannes Lutz: *Der echte Dreikönigszug*

Edmund Johannes Lutz, Pseudonym Alexander Carelius, wurde am 16. 11. 1913 in München geboren. Er lebte als Verleger in seiner Heimatstadt. Er veröffentlichte Laienspiele, darunter mehrere aus dem weihnachtlichen Themenkreis, und schrieb Erzählungen und Essays. Edmund Johannes Lutz starb am 18. 1. 2004 in München.

Franz X. Judenmann: *Die unlösbare Rechenaufgabe*
Aus „Regensburger Schriftstellergruppe, Anthologie 2, Prosa", Verlag Michael Lassleben, Kallmünz 1969.
Franz Xaver Judenmann wurde am 16. 3. 1927 in Mintraching bei Regensburg geboren. Er war Oberlehrer und zeitweise Stadtrat in Regensburg. Seine Kinderbücher und Erzählungen zeigen ebenso wie die Erstellung eines Oberpfälzer Wörterbuches und die Mitarbeit an einem Bayrischen Wörterbuch sein Engagement für die heimatliche Mundart. Er starb am 1. 7. 1994 in Regensburg.

Georg Britting: *Die Könige sind unterwegs*
Aus „Sämtliche Werke" in 23 Bänden, Verlag Georg-Britting-Stiftung
Georg Britting wurde am 17. 2. 1891 als Sohn eines technischen Stadtbeamten in Regensburg geboren. Aus dem Ersten Weltkrieg kehrte er schwer verwundet zurück. Seit 1920 lebte er als freier Schriftsteller in München. Neben naturhafter Lyrik schuf er tiefgründige Novellen, Kurzgeschichten und Romane. Georg Britting starb am 27. 4. 1964 in München.

Siegfried von Vegesack: *Maria auf der Flucht* (Gedicht)
Entnommen aus „Waldlerische Weihnacht", herausgegeben von Walther Zeitler, Verlag Morsak, Grafenau.
Siegfried von Vegesack wurde am 20. 3. 1888 auf Gut Blumbergshof in Livland als Sohn eines Richters und Gutsbesitzers geboren. Er besuchte das Gymnasium in Riga und studierte Geschichte in Dorpat, Heidelberg, Berlin und München. Im 1. Weltkrieg war er Journalist in Schweden und Berlin, ab 1918 freier Schriftsteller und Landwirt auf der Raubritterburg Weißenstein bei Regen. 1933 kam er zunächst in Schutzhaft und emigrierte dann. Im 2. Weltkrieg war er Wehrmachtsdolmetscher in Russland. Nach dem Krieg lebte er wieder auf Burg Weißenstein, wo er am 26. 1. 1974 starb. Seine alte und neue Heimat gaben ihm die Themen für seine Romane und Erzählungen. Auch als Lyriker und Übersetzer aus dem Russischen trat er hervor.

Der Verlag dankt allen Autoren, Rechtsinhabern und Verlagen für die freundlichen Erlaubnisse zum Abdruck der Beiträge. In den Fällen, wo die Inhaber der Rechte trotz aller Bemühungen nicht festzustellen oder erreichbar waren, verpflichtet sich der Verlag, rechtmäßige Ansprüche im üblichen Rahmen abzugelten.

Inhaltsverzeichnis